长安大学中央高校基本科研业务费专项资金项目
(项目编号:2013G6503028)资助

虚拟现实图书馆
Virtual Reality Library

李旭芬　赵建有 等　编著

西北工業大學出版社

【内容简介】 本书主要阐述了虚拟现实图书馆的基本概念、基本原理、基本技术、基本方法等内容，并对虚拟现实图书馆的技术构成进行了阐述，对虚拟现实图书馆的方案进行了探讨，对虚拟现实技术在相关领域的应用进行了介绍，从多层面探讨、研究了虚拟现实以及虚拟现实图书馆。

本书可供从事虚拟现实技术和虚拟现实图书馆研究的人员参考。

图书在版编目(CIP)数据

虚拟现实图书馆/李旭芬，赵建有等编著．—西安：西北工业大学出版社，2014.7(2017.1 重印)

ISBN 978-7-5612-4027-4

Ⅰ.①虚… Ⅱ.①李… ②赵… Ⅲ.①数字图书馆 Ⅳ.①G250.76

中国版本图书馆 CIP 数据核字(2014)第 160031 号

出版发行： 西北工业大学出版社
通信地址： 西安市友谊西路 127 号 邮编：710072
电 话： (029)88493844 88491757
网 址： www.nwpup.com
印 刷 者： 西向阳印务有限公司
开 本： 727 mm×960 mm 1/16
印 张： 11.5
字 数： 238 千字
版 次： 2014 年 7 月第 1 版 2017 年 1 月第 2 次印刷
定 价： 35.00 元

前 言

虚拟现实(Virtual Reality,简称 VR)技术诞生于 20 世纪末,已在众多领域中都得到了卓有成效的应用。随着数字化图书馆和网络图书馆技术的不断发展,以三维可视化人机实时控制为主要特征的虚拟现实技术扩展延伸到了图书馆领域,衍生出崭新的虚拟现实图书馆(Virtual Reality Library)。它是现代图书馆建设过程中计算机技术和网络技术集成的一种领先的技术形式,是数字图书馆的延伸。从图书馆主体功能角度看,虚拟现实图书馆表现了图书馆发展新的服务形态;从图书馆数字化角度看,虚拟现实图书馆是智能化技术的应用,它支持图书馆网络化检索引擎;从图书馆事业发展史角度看,虚拟现实技术是对传统的纸质图书馆形态的丰富和发展。可以预料,未来图书馆不仅会成为网络检索与下载的主要载体,同时也向手机浏览、借阅和采购等更新的领域不断发展。

本书从计算机应用技术角度和其他多个层面较全面地阐述了虚拟现实图书馆的基本概念、基本原理、基本结构、演变发展、技术与应用流程等。其主要内容包括虚拟现实图书馆的概念界定;虚拟现实图书馆的基本原理与体系架构;虚拟现实图书馆的发展脉络;虚拟现实图书馆与相关学科的关系;虚拟现实图书馆的作用;虚拟现实图书馆的技术应用与解决方案以及虚拟现实技术在相关领域的应用;等等。

虚拟现实技术开发、应用的范围很广泛,涉及很多交叉学科和前沿性的领域。对不同技术难度的技术项目采用不同的解决方案及不同的方案模式,即根据图书馆馆藏需求、服务内容和功能需求,设计相应的虚拟现实类型。

目前,虚拟现实图书馆在图书馆领域起步不久,还没有广泛深入拓展应用,没有形成固定的方案模式,业内学者尚在研究探索之中。笔者根据图书馆信息管理工作的经验体会,结合 3DS MAX,Auto CAD 以及虚拟现实软件的使用经验和总结,得到了对于虚拟现实技术的理解。

本书共分10章。第一章论述虚拟现实技术与虚拟现实图书馆的概念界定;第二章论述信息传播方式演变与发展的历史启示;第三章论述虚拟现实图书馆的构成;第四章论述虚拟现实图书馆体系的相关环节;第五章论述虚拟现实图书馆的作用、特征、意义与价值;第六章论述虚拟现实图书馆的方案研究与设计构思;第七章论述虚拟现实图书馆的创建原理与流程;第八章论述虚拟现实图书馆的设计;第九章论述基于Cult 3D Designer虚拟现实图书馆的方案开发与应用研究;第十章论述基于Cult 3D软件虚拟现实图书馆的创建原理与流程。

本书由李旭芬统稿,其中第一～五章及第八章由李旭芬执笔;其余章节由赵建有、郄海风、杜威执笔,文中大部分图片由郄海风提供;刘建朝研究员审阅了书稿。在编写过程中,得到了刘壮生、杨晓燕及石赟琦等同志的大力支持。本书对于图书馆工作者、广大读者以及有关院校的图书馆专业师生均有重要的参考价值。

本书的出版获得了长安大学中央高校基本科研业务费专项资金项目(项目编号:2013G6503028)的资助。在本书的编写过程中得到了西北工业大学、西安电子科技大学、解放军空军工程大学、长安大学电控学院、陕西科技大学等专家的鼎力支持,在此一并表示诚挚的谢意。

因水平有限,书中难免存在疏漏和不足,敬请读者批评指正。

编著者

2014年5月

目　录

第一章　虚拟现实技术与虚拟现实图书馆的概念界定

1.1　导　　语

虚拟现实图书馆(Virtual Reality Library),是三维可视化图形图像技术和虚拟现实与网络技术在现代化图书馆事业中的应用。近年来,虚拟现实技术与各种现有的多媒体技术进行有机结合,发展迅速。在国外,基于虚拟现实的图书馆研究走在学科应用前沿,许多系统已经进入应用阶段。

虚拟现实图书馆是计算机软件技术与硬件技术高度发展在图书馆领域应用过程中的反映与结晶,是人类把想象力与电子技术结合在一起的结果。美国德克萨斯 A&M 大学已经建立了基于虚拟现实的引导和查询系统;德国 Würzburg 大学的 Dimitar Valkov 等人研究了泛型虚拟现实交互图书馆;De Oliveira J. C. 等人对工业培训的虚拟环境进行了相关论述;Kazuki Watanabe 等人阐述了应用于传感器和智能手机的图书馆导航系统;郑州轻工业大学的 Changzhen Shang 等人对基于分层模型的虚拟现实技术和其他图书馆集成进行了探讨。

基于网络环境的虚拟现实图书馆是虚拟图书馆的延伸。作为新技术在图书馆应用后形成的新形态的图书馆,虚拟现实图书馆是图书馆虚拟信息资源馆藏建设的组成部分。从图书馆学研究微观对象的角度来看,虚拟现实图书馆属于人机互动性很强的计算机操作性技术的应用;从图书馆学研究宏观对象的角度来看,虚拟现实图书馆表现了图书馆未来发展的方向,是组成现代化图书馆的新元素。虚拟现实图书馆属于图书馆学体系结构中图书馆现代化资源建设的范畴。虚拟现实图书馆在图书馆学与相关学科关系的研究中定义为应用关系,也称之为边缘学科。它具有了虚拟现实技术特有的身临其境的体验感,对真实世界准确仿真的逼真感,置于多维度信息空间环境中的沉浸感,人机互动交互响应多种传感的创造感，它能基于网络虚拟环境共享信息，更方便地让读者分享文献信息资源，它是多媒体技术发展的更高领域。虚拟现实图书馆是数字化图书馆延伸出来的一个高级用户界面，该界面系统的介入增强了传统图书馆的检索、阅读、获取信息知识的功能，是图书馆领域引进的一项崭新的技术。虚拟现实图书馆涉及很多交叉学科和前沿学科的领域，与之相关联的概念有自动化图书馆、电子图书馆、数字图书馆、虚拟图书馆、虚拟共享空间等，其中一些是相关、相近、相似的概念。与之相关、相匹配的应用技术有计算机三维图形图像影视特效技术、虚拟现实技术、计算机多媒体技术、大屏幕投影技术，以及计算机信号集成接口技术等。这些相关技术与虚拟现实图书馆关系十分密切，是一种有机的集成组合，而不是简单地堆砌相加，所涉及的应用技术软件有 3DS MAX ，MAYA，Pro/Engineer，Flash，VR，VRML，等等。这些软件是各自独立的，然而通过有机组合、相互兼容，形成了虚拟现实图书馆特有的三维可视化实时控制的最终结果。虚拟现实图书馆与相关学科既有联系又有区别，互为依存的另一个层面是指，虚拟现实图书馆还涉及图书馆管理、图书馆文化理念、图书馆第二课堂教育、图书馆建筑、图书馆学科馆员制度等方面的相关概念与内容。

总之，虚拟现实图书馆是一门综合性的，集成了多种技术、多种学科的联合体，是多种前沿学科成果的研究结晶。虚拟现实图书馆引入了虚拟现实技术，目前在我国图书馆领域才刚刚起步，尚未普及。但从科技发展的角度看，这一技术的普及应用是一个发展趋势。为了准确理解、把握虚拟现实图书馆的概念，与相关概念进行区别，就需要了解虚拟现实技术的发展历史与现状，了解其主要技术特征，可能在图书馆领域应用的范围，以及认识虚拟现实图书馆与其他相关领域的联系与区别。以下内容分别阐述虚拟现实图书馆及与之相关的概念和定义。

1.2 虚拟现实的定义

虚拟现实图书馆的定义源于虚拟现实技术的基本概念。科学界对虚拟现实（Virtual Reality，简称 VR）有着严格的界定。从词性上分析，“虚拟

(Virtual)”是形容词，修饰名词“现实(Reality)”。Virtual 的英文本意是表现上具有真实事物的某些属性，但本质上是虚幻的意思。Reality 的英文本意是“真实”而不是“现实”。

业界对虚拟现实广义的定义是指，由计算机技术所创建的可视化三维环境。这个环境既可以是虚拟想象的三维环境，也可以是对真实世界的三维模拟，是一个既是物理的又是心理的空间。除了对三维环境的模拟，凡是对真实世界的某些特征的模拟，都可以称为虚拟现实，如网络聊天室、MUD(网络角色)扮演游戏等。

业界对虚拟现实狭义的定义是，用于创建人造世界的计算机系统。在这个世界里，使用者有沉浸于其中的感觉，能在其内漫游并能操纵当中的物体。这是 1998 年，“虚拟现实术语工作组”在 IEEE 的标准草案中对虚拟现实的解释。

韦伯斯特词典对虚拟现实的解释是，Being in essence or effect，but not on fact，即在本质上或效果上存在，但在事实上却不存在。

牛津词典对虚拟现实的解释是，In effect，though not in fact；not such in fact but capable of being considered as such for some purposes，即尽管事实上不存在，但效果上存在；虽然事实上并非如此，但就效果而言，可以被认为是这样的。

著名科学家钱学森认为，虚拟现实是指用科学技术手段向接受的人输送视觉的、听觉的、触觉的乃至嗅觉的信息，使接受者感觉到仿佛身临其境，但其实并不是真的身临其境，而只是感受而已，是虚构的，因此他认为，可以用我们传统文化中的“灵境”这个词来表达这种情况，这比“临境”好，也是准确、严谨的。

可以这样理解，虚拟现实中的“现实”是泛指在视觉意义上的或心理感受意义上存在于计算机创建的三维模拟空间里，它可以是事实上可实现的，也可以是实际上难以实现或根本无法实现的，而是使用计算机技术虚拟的场景实事；“虚拟”主要是特指用计算机生成创建的意思。比如，游戏世界是虚拟的；网络世界是虚拟的；飞行过程、登月过程可以虚拟；未曾发生的战场军事对抗场面可以用虚拟手段表现；医疗手术过程可以虚拟；商业物流仓储管理流程可以虚拟;矿难逃生模拟培训过程可以虚拟;石油工业中,油田勘探、开发过程可以虚拟;此外,还有计算机系统需要扩展内存(RVM)容量,使用磁盘辅助存储器进行的虚拟扩展被称为虚拟内存(Virtual Memory);装备制造业高端核心技术的虚拟仿真和虚拟制造;等等。图 1-1 所示为虚拟飞机驾驶舱。

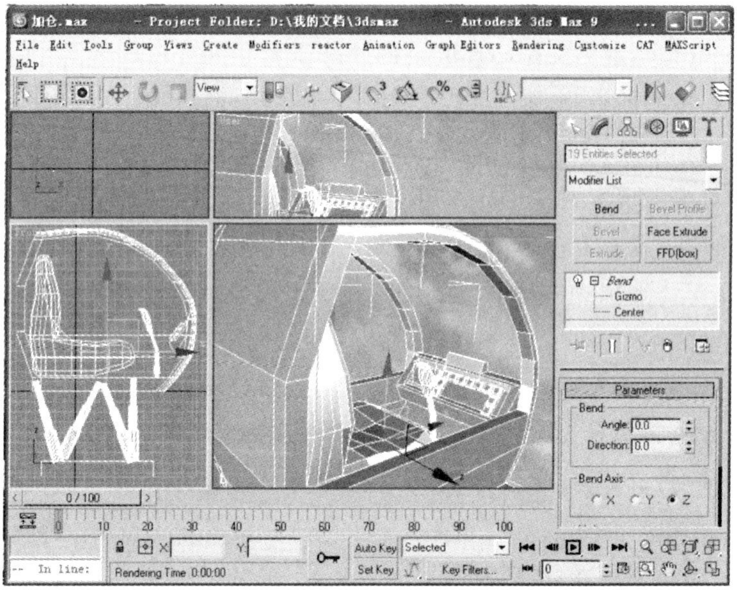

图 1-1 虚拟飞机驾驶舱

以上场景和物体都是虚拟的现实场景事实,对科研工作和实际应用工作都有指导意义。对不同功能的虚拟对象用不同专业的虚拟思路(模块)进行构思设计,利用计算机技术完成创建、生成。因此,虚拟现实是指用计算机生成并加以控制的一种特殊信息环境,是现实事物的折射与映射。虚拟现实的对象是主观世界对客观世界的反映,而不是无本之木,无源之水,其概念关系如图 1-2(a)所示。

反映这种虚拟现实的硬件载体有大屏幕、立体投影、三通道环幕投影和普通的计算机等。大屏幕、立体投影、三通道环幕投影关系图如图 1-2(b)所示。

远程高性能大范围输入、输出依靠分布式网络平台的支持,最终可以通过各种计算机技术虚拟出想象中的信息环境,使管理者、访问者、设计者、读者等主体融入到这个环境场景，感知和获取丰富的信息资源；通过计算机控制的各种装置，如数据手套、数据手柄、数据头盔、操纵杆、方向盘、鼠标、键盘等实时操作传感器系统，实现信息热区响应式的互动漫游与交流获取。图 1-3 所示为通过计算机控制的各种装置。

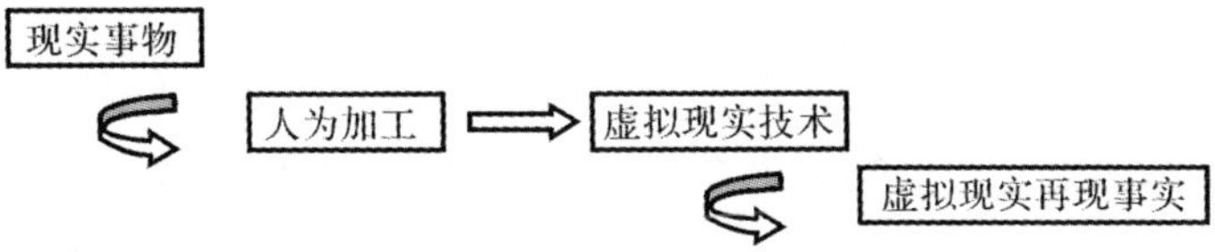

(a)

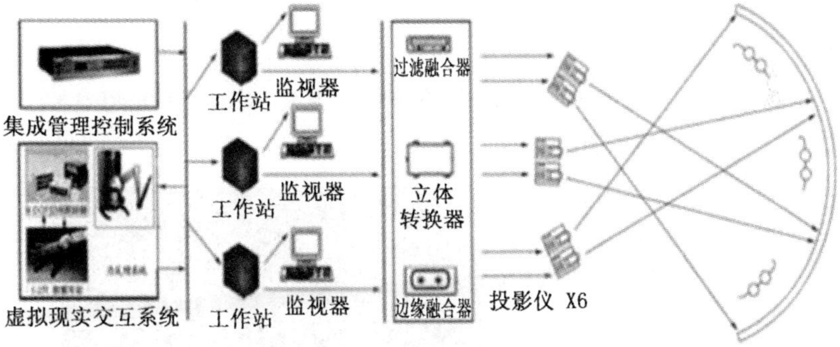

(b)

图　1-2

(a) 虚拟现实的概念关系；(b) 大屏幕、立体投影、三通道环幕投影的关系图

图 1-3　计算机控制的各种装置

虚拟现实技术可以进行项目对象的设计、加工、装配、管理、调度、规划、评价、训练、学习等活动。虚拟现实技术有高端技术、一般技术之分。最高端的技术应用在航空航天科技中。如美国的虚拟火星车在虚拟的火星地面场景中行驶时，可以做到像真实火星车一样精确；又如在美国波音777飞机的研制中，应用虚拟现实技术开发了“先进计算机图形交互应用系统”辅助设计，有力地支持了航空制造业。而虚拟现实图书馆专业模块所包含的场景实时互动展示功能模块与之相比就要简单得多，突出表现信息文献资源的浏览、获取、检索、传递等功能，最具代表性有中国国家图书馆的“新馆漫步”系统和“读者浏览器”以及环视大屏幕无缝显示系统。如图1-4所示为中国国家图书馆虚拟现实图书馆界面。

图1-4　中国国家图书馆虚拟现实图书馆界面

6自由度空间实时交互是虚拟现实技术最本质的特征和要求之一，也是虚拟现实技术的精髓。离开实时交互，虚拟现实应用将失去其存在的价值和意义，这也是虚拟现实技术与三维动画和多媒体应用的最根本的区别。在虚拟现实交互应用中通常会借助于一些面向特定应用的特殊虚拟外设，主要是6自由度虚拟交互系统，比如力或触觉反馈系统、数据手套、位置跟踪器，或6自由度空间鼠标、操纵杆等，如图 1－5 所示。

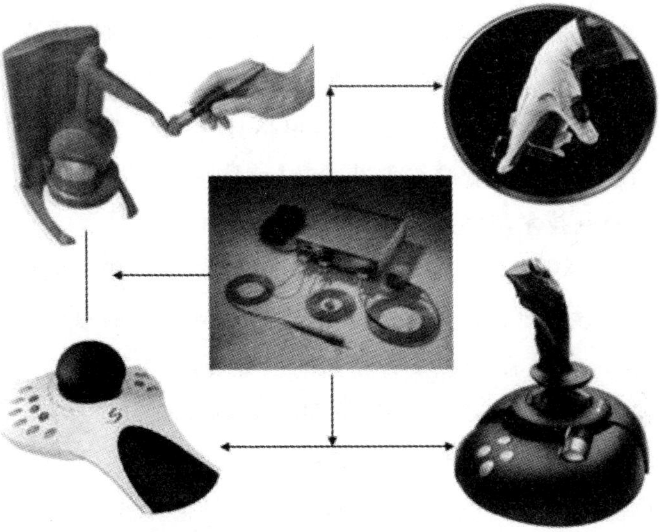

图 1－5　6 自由度虚拟交互系统

虚拟现实系统包括很多组成部分，主要有多台投影机 、音响系统以及多路视频的输入和切换设备，甚至是辅助的灯光和窗帘，这些都需要方便地控制和管理。每个部分又包括很多产品和设备，它们之间需要相互连接、相互依赖，这样一个复杂的系统要顺利地运行并能够协同工作，就需要进行管理。集成控制系统便是承担该项工作的载体，比如，通过智能识别技术实现非接触式互动控制及管理，当人走到目标区域系统时相应触发下一层功能；系统跟随人的视线方向进行相应切换；根据人手指的动作执行相应的运行步骤；音响系统输入、输出的集中控制；多通道现实同步控制；等等。有了集成管理控制系统，上述一系列工作通过简单的遥控器就可完成整个操作过程。

1.3　虚拟现实技术的概念

虚拟现实技术又称灵境技术，是一种综合了计算机图形技术、多媒体技术、传感与测量技术、人机交互技术、网络技术、微电子技术、立体显示技术以及仿真技术等多种科学技术而发展起来的计算机领域的最新技术，也是力学、数学、光学、机构运动学等各种学科的综合应用。虚拟现实技术的兴起，为人机交互界面的发展开创了新的研究领域，为智能工程的应用提供了新的界面工具，为各类工程的大规模数据可视化提供了新的描述方法。近年来，虚拟现实技术已成为众多领域研究热点之一，包括计算机科学、图书情报学、信息科学以及国防、航天、军事、教育等领域，同时被称为21世纪三大关键技术（虚拟现实技术、互联网技术与多媒体技术）之一。

虚拟现实技术是20世纪60年代在美国首先出现的一项新技术，利用该技术，用户可以全方位地观察物品外观，逼真地看到物品的每个细节。通过互联网技术和虚拟现实技术，可以实现物品的三维展示，参观者可从不同角度审视物品，获得身临其境的感受。此外，还可以对物品进行操作测试，如改变产品外观颜色、配置部件等。显然，这种先进的展示方式能够更好地满足参观者个性化需求，更能体现以人为本的思想，更有利于企业或实体拓展自身的业务范围。

我国对虚拟现实技术的研究起步较晚，和世界先进水平还存在一定的差距。从1996年开始，在“863”计划的资助下，北京航空航天大学计算机系、国防科技大学、装甲兵工程学院、中科院软件所、浙江大学、北航仿真所和解放军测绘学院等关键技术研究单位开展了分布式虚拟战场环境的研究开发工作，到2000年年底该项目取得了阶段性成果。北京航空航天大学计算机系是国内最早进行虚拟现实研究、最有权威的单位之一，该科研团队在虚拟现实视觉接口方面开发出了部分硬件，并提出了有关算法及实现方法；实现了分布式虚拟环境网络设计，建立了网上虚拟现实研究论坛。清华大学计算机科学和技术系对虚拟现实和临场感的方面进行了研究，他们还针对室内环境水平特征丰富的特点，提出借助图像变换，使立体视觉图像中对应水平特征呈现形状一致性，以利于实现特征匹配，并获取物体三维结构的新算法。西安交通大学信息工程研究所对虚拟现实中的关键技术——立体显示技术——进行了研究，他们依据人类视觉特性，提出了一种基于JPEG标准的压缩编码新方案，获得了较高的压缩比、信噪比以及解压速度，并且已经通过试验，结果证明了这种方案的优越性。

1.4 虚拟现实技术的特征

虚拟现实技术采用以计算机技术为核心的现代高科技手段，构造出逼真的视觉、听觉、触觉一体化的虚拟环境，用户借助必要的设备，以自然的方式与虚拟环境中的对象进行交互并相互影响，从而产生等同于真实环境的感受和体验。这种技术的特点在于计算机产生一种人为的虚拟环境，这种虚拟的环境是通过计算机图形构成的三维空间，或是把其他现实环境编制到计算机中去产生逼真的“虚拟环境”，从而使得用户在感官上产生一种沉浸于虚拟环境的感觉。从本质上说，虚拟现实是计算机生成的给人多种感官刺激的虚拟世界(环境)，是一种高级的人机交互系统。根据上述定义，虚拟现实由两部分组成，一部分为创建的虚拟世界(环境)，另一部分为介入者(人)。虚拟现实的核心是强调两者之间的交互操作，即反映出人在虚拟世界中的体验。Grigore Burdea 和 Philippe Coiffet 在他们的著作 *Virtual Reality Technology* 中指出，虚拟现实技术具有三个重要的特征，即人们熟悉的“3I”特征。

1. 沉浸感(Immersion)

沉浸感指虚拟现实技术系统不再像传统的计算机接口技术一样，用户与计算机的交互方式已经是自然的，就像现实中人与自然交互一样，完全沉浸在通过计算机所创建的虚拟环境中，使用户成为系统中的一部分，有身临其境的真实感觉。

2. 交互性(Interaction)

交互性指虚拟现实技术系统区别于传统三维动画的特征，用户不再是被动地接受计算机所给予的信息或者只是旁观者，而是能够使用交互输入设备来操纵虚拟物体，改变虚拟世界。例如，用户可以用手直接抓取虚拟环境中的物体，这时手有触摸感，并可以感觉物体的质量，场景中被抓取的物体也立刻随着手的移动而移动。

3. 想象力(Imagination)

想象力是指用户利用虚拟现实技术系统可以从定性和定量综合集成的环境中得到感性和理性的认识，从而深化概念并萌发新意。沉浸在多维信息空间中，用户依靠自己的感知和认知能力全方位地获取知识，发挥主观能动性，寻求解答，形成新的概念。

1.5 虚拟现实的研究内容

虚拟现实技术是高度集成的技术，涵盖计算机软、硬件传感器技术，立体显示技术等。虚拟现实技术的研究内容大体上可分为虚拟现实技术本身的研究和虚拟现实技术应用的研究两大类。根据虚拟现实技术所倾向的特征不同，目前虚拟现实系统主要划分为四个层次，即桌面式、增强式、沉浸式和网络分布式。虚拟现实技术的实质是构建一种人能够与之进行自由交互的“世界”，在这个“世界”中参与者可以实时地探索或移动其中的对象。沉浸式虚拟现实是最理想的追求目标，实现的主要方式是戴上特制的头盔显示器、数据手套以及身体部位跟踪器，通过听觉、触觉和视觉在虚拟场景中进行体验。桌面式虚拟现实系统被称为“窗口仿真”，尽管它有一定的局限性，但由于成本低廉而仍然得到了广泛应用。增强式虚拟现实系统主要用来为一群戴上立体眼镜的人观察虚拟环境，性能介于上述两者之间，也成为开发的热点之一。纵观多年来的发展历程，虚拟现实技术的未来研究仍将遵循“低成本、高性能”这一原则，从软件、硬件上展开，并将在下述主要方向发展。

1. 动态环境建模技术

动态环境建模技术主要包括虚拟环境及硬件设备的建模、动态环境的建立、视觉建模技术、运动特性的描述、物理属性的描述、行为特征建模等。

设备建模一般采用三维 CAD 软件(如：Pro/E、AutoCAD 等)，环境的建模采用虚拟现实软件(如：WTK、VRT、MultiGen 等)，通过其接口，可以将设备的模型导入虚拟环境中，接着借助其二次开发接口，可将物体的运动属性、物理属性及行为属性添加至模型中。

2. 实时三维图形生成和显示技术

这项技术的主要内容是图形如何“实时生成”，即不降低图形的质量和复杂程度的前提下，如何提高刷新频率将是今后重要的研究内容。此外，虚拟现实还依赖于立体显示和传感器技术的发展，现有的虚拟设备还不能满足系统的需要，有必要开发新的三维图形生成和显示技术。

3. 新型交互设备的研制

借助头盔显示器、数据手套、数据衣服、三维位置传感器和三维声音产生器等输入、输出设备。这些交互设备能够帮助人们更好地控制虚拟环境中的虚拟物,可实现人能够自由地与虚拟世界中的对象进行交互。如,戴上数据手套可直接抓取并操作虚拟环境中的设备,达到人与虚拟设备的直接交互,因此,新型、便宜、鲁棒性优良的数据手套和数据衣服将成为未来研究的重要方向。

4. 智能化语音虚拟现实建模

虚拟现实建模是一个比较繁复的过程,需要大量的时间和精力。如果将虚拟现实技术与智能技术、语音识别技术结合起来,可以很好地解决这个问题。首先应该对模型的属性、方法和一般特点的描述通过语音识别技术转化成建模所需的数据,然后利用计算机的图形处理技术和人工智能技术进行设计、指导和评价,将基本模型用对象表示出来,并按照逻辑关系将各种基本模型静态或动态地连接起来,最后形成系统模型。在各种模型形成后进行评价并给出结果,并由人直接通过语言来编辑和确认。

5. 大型网络分布式虚拟现实系统的应用

网络分布式虚拟现实将分散的虚拟现实系统或仿真器通过网络连接起来,采用协调一致的结构、标准、协议和数据库,形成一个在时间和空间上互相耦合的虚拟/合成环境,参与者可自由地进行交互作用。目前,分布式虚拟交互仿真已成为国际上的研究热点,相继推出了 DIS,HLA 等相关标准。网络分布式虚拟现实技术在航天领域极具应用价值,例如,国际空间站的参与国分布在世界不同区域,分布式虚拟现实技术训练环境无须在各国重建仿真系统,这样不仅减少了研制费用和设备费用,也减少了人员出差的费用和避免了异地生活的不适。

1.6　虚拟现实系统应用的分类

实际应用的虚拟现实系统大体可分为四类。

1. 沉浸式虚拟现实系统

高级的沉浸式虚拟现实系统提供完全身临其境的体验。它利用头盔式显示器或其他设备，把参与者的视觉、听觉和其他感觉封闭起来，并提供一个新的虚拟感觉空间，利用位置跟踪器、数据手套或其他手控输入设备以及声音、图像等使参与者产生一种身临其境的感觉。常见的沉浸式虚拟现实系统有基于头盔式显示器的系统、投影式虚拟现实系统、远程存在系统等。

2. 增强现实型虚拟现实系统

增强现实型虚拟现实系统不仅是利用虚拟现实技术来模拟现实世界、仿真现实世界，而且要利用它来增强参与者对真实环境的感受，也就是增强参与者在现实中无法或不方便获得的感受。典型的实例是战斗机飞行员的平视显示器，它可以将仪表读数和武器瞄准数据投射到安装在飞行员面前的穿透式屏幕上，使飞行员不必低头读座舱中仪表的数据，从而可以集中精力观察敌机和导航偏差。

3. 分布式虚拟现实系统

如果多个用户通过计算机网络连接在一起，同时进入一个虚拟空间，共同感受虚拟的经历，因而虚拟现实则提升到了一个更高的境界，这就是分布式虚拟现实系统。在分布式虚拟现实系统中，多个用户可通过网络对同一虚拟世界进行观察和操作，以达到协同工作的目的。

4. 桌面型虚拟现实系统

桌面型虚拟现实系统利用个人计算机和低级工作站进行仿真，将计算机的屏幕作为用户观察虚拟世界的窗口，通过各种输入设备实现与虚拟现实环境的充分交互，这些外部设备包括鼠标、键盘、追踪球、力矩球等。它允许参与者通过计算机屏幕观察360°范围内的虚拟境界。用户可以使用输入设备与虚拟场景进行交互，并操纵其中的物体，但仍然会受到周围现实环境的干扰，因此参与者缺少完全的沉浸感。由于桌面型虚拟现实系统成本相对较低，因而应用比较广泛。常见的桌面型虚拟现实系统有基于VRML(虚拟现实建模语言)的虚拟现实系统、基于静态图像的虚拟现实系统QuickTime VR、桌面三维虚拟现实系统、MUD等。

1.7　虚拟现实软件的分类

虚拟现实软件(简称 VR 软件)目前大体分为三类。

1. 程序文件小,播放软件小并且跟系统、网页播放软件通用

该类 VR 软件包括 Cult 3D,VRML,Java 3D,Viewpoint,Shockwave 3D,等等(比较常用的是 Cult 3D,VRML),都支持 3DS MAX,Cult 3D,VRML,Java 3D 更是支持 MAYA。使用领域最多的是简单的模型展示与介绍。其中最主要的功能在于网页、私人的或者小型的展示,一般用于器具模型、楼盘模型等对展示的图像效果要求不太高的场合。对这类软件的最大要求就是适用范围广,即要求多种场合能够通用,并且须满足与其他的软件和应用环境的集成需求,如 HTML 网页,MS Office,Adobe Acrobat 等。

这类 VR 软件在仿真上功能极少(只有漫游、组装、说明、透明、反射、变色、编写人物动作),这是由市场需要决定的。增强功能势必要增加技术投入,也就势必要提高价格;功能节点多了也同时会增加程序文件的大小,因此这类软件在增加功能的同时应减少不必要的内存。

为了满足更多的环境需要,这类软件图像质量不高。如果需要开启高质量的 VR 程序,计算机的硬件配置就必须足够高。同时,图像质量的高低跟图像保存格式有很大的关系,也跟图像占用空间的大小有很大的关系。这类 VR 软件所用的贴图文件格式都是有限制的,不能用那些能够高保真的文件格式,从而导致图像质量粗糙。与使用高质量、高保真的图像文件格式的 VR 软件制作出来的程序文件相比较而言,色泽、精细、分辨率上都相差很远,而且 VRTOOLS 和 EON 除了贴图(shape)外,还在图像处理上加入了渲染(render),这使得图像在质量上相差更远。不少 VR 软件都宣传自己有渲染功能,事实上是它们将贴图说成渲染。现实中如果确实加入渲染的话,文件大小会成倍地增加,同时渲染对显卡也是有要求的。

编写接口让 VR 软件与更多的软件和应用环境相连接,并不会增加程序文件的大小。这类接口程序相当于是外挂插件,它只是安装在服务器上,并不跟制作程序文件一起供用户观看或者下载。即使是数据库,也属于后台程序,当

客户需要调用时才会额外地从网站上下载下来，因此在不调用的情况下对客户浏览文件并不造成影响。

2. 功能一般，但图像质量好，跟许多硬件和软件都能兼容。

这类 VR 软件以国产的 VR - Platform（简称 VRP）为典型。根据商业目的，主要面对低端且对图像要求高的用户。VRP 支持 3DS MAX，但是也仅仅限于此；支持众多 VR 功能，如漫游，组装，模型实体化（碰撞），事件触发，反射、变色、透明等材质处理（VRP 的渲染是在 3DS MAX 里面进行的），动作编写，等。

VRP 可以跟 3DS MAX 无缝接合，支持直接从 MAX 里面把模型导出来，在 MAX 里面的渲染也能完好地延续到 VRP 里面，因此在工作上与第一类软件对比，更容易、轻松。它支持的贴图格式多，有.jpg，.bmp，.psd，.png，.tga，.dds，图像画面非常精美。

事实上，一开始 VRP 研发的目的很大的一个方向就是游戏，因此，它在图像精美（光影效果、细腻程度、色泽鲜亮等）和流畅方面都很好，同时注意到了配合低端硬件需求，不需要用高端的软件就能流畅地观赏 VRP 制作出来的程序。

尽管 VRP 的画面质量能够做得很好，但是与用 VRTOOLS 和 EON 制作的图像比较，在以假乱真的仿真方面还是有一定差距的。这两类 VR 软件都支持一个图像处理功能：可以在 Photoshop 里面同步更改材质。

在 VR 功能上，VRP 跟第一类 VR 软件几乎相同：没有物理特性，没有人物动作库，即使在普通的运动和图像设计上也不如 EON 和 VRTOOLS 完善。

鉴于 VRP 是国内公司开发的，界面上对中文的支持程度高，与第一类 VR 软件来说，操作上也更加符合国人习惯。

在与其他软件的联系上，VRP 可将制作成的 vrp 文件嵌入 Director，IE，VC，VB 软件中，与第一类 Cult 3D 和 VRML 等相比，其功能还并不完善。虽然开放了 SDK 支持二次开发，但是，VRP 的播放界面和标志是不支持更改的，原因在于有的多媒体广告公司并不希望自己的产品给打上其他公司的标志。

3. 代表目前最前沿的VR技术。

这类软件在中国国内找得到的有EON，Virtools，其中EON是美国EON公司开发的，Virtools是法国VIRTOOLS公司开发的。这类软件最大的优点就是功能强大，具体表现：

(1)能够实现的虚拟现实互动功能多，包括漫游、组装、替换、运动、碰撞、重力、刚体、事件触发、说明、贴图、贴动画、反射、变色、透明、雨滴/雪、CG渲染、动作编写等，并且每个功能都是一个包含3～15个相关功能的功能组。

(2)支持的硬件、软件众多。像各种VR外设如H.M.D.、Visor 3D、数据手套、立体眼镜、方位跟踪器、立体显示器——这些都是上面两类软件做不到的；像各种多媒体软件(如常用的Macromedia Director和Shockwave)，Office系列软件，Adobe系列软件，IE，VC，VB软件等，跟这类软件相容的时候，并不需要额外再编写程序，EON，Virtools都已经准备好了外挂的接口程序，且又能跟数据库相连接。

支持3D建模软件多，基本上市面上有的建模软件都支持。不仅在EON，Virtools程序里能直接读取3D建模文件，同时，流行的3D建模软件也主动支持模型直接输出成EON，Virtools能读取的文件格式。

(3)支持贴图格式多，能够用CG渲染，如.jpg，.jpeg，.jif，.jpc，.bmp，.psd，.png，.ppm，.tga，.dds，等等。在画面质量方面，CG渲染相对比贴图来说，起跑点就领先了许多。EON，Virtools这两款软件画面质量能够做到跟真实的一模一样，而不仅仅是色彩鲜亮这么简单。

(4)操作界面简单。

(5)开发环境开放，提供给SDK修改的地方多，能直接调用的程序库多。这就使得使用者能够随自己的意愿修改程序窗口界面，与其他软件、硬件结合，而且编写简单，很多情况下只需调用程序库就能完成。

但是，由于这类软件在开发的时候针对的对象是高端用户，因此，制作出来的程序文件虽然说能够缩减到很小，但是也始终比不上第一类的网络3D软件——因为必须同时保证功能的实现和图像质量。但是，这两类软件在IE方面的功能非常强大，虽然文件大，但是图像质量高；同时，在跟数据库同步连接方面的功能也比其他软件完善。

1.8 网络虚拟技术的特点

网络虚拟技术的特点如下:

(1)仿真质量佳,可以提供逼真的视觉效果,例如可以显示环境贴图、明暗度、倒影、阴影等。

(2)支持快速的网络传输,可快速从网络上下载虚拟图书馆的数据,可实时阅览。

(3)多频道投影显示(cluster visualization)可支持洞穴型模拟系统。

(4)整合性强——可与其他软件兼容,例如多媒体工具、研发工具、web 浏览器等。

(5)兼容性强,可放入多种 3D 格式档案。

(6)支持洞穴型、融入型与桌面型模拟展示系统,呈现丰富的互动效果。

(7)可支持多人同时使用环境。

(8)以最少的计算机功能呈现最好的视觉效果。

(9)实用性强,从网络到立体多媒体工具都可使用。

(10)当荧屏在静止状态时,可用“反锯齿功能”或其他的一些方法修改图片,让对象表面更平滑。

(11)无需 ActiveX 管理网络上发布的内容。

(12)以原件组合构成的 web player。

(13)档案可压缩得更小。

(14)支持 OpenGL 以及 Direct 3D。

(15)提供组装功能。

(16)具有指导员节点,可在教育训练时应用。

(17)可调整对象表面的贴图材质或透明度。

(18)支持全荧屏显示模式。

(19)支持子母画面。

(20)支持 360°旋转背景。

(21)可将模拟数据储存成文字文件,供下次使用时查询。

(22)提供多层次精细度节点，可设计不同 polygon 的对象，任何观测的距离都可看见平滑的物体表面。

1.9　虚拟现实系统的关键技术

虚拟现实的关键技术主要包括下述几个方面：

1. 环境建模技术

虚拟环境的建立是虚拟现实技术的核心内容，环境建模的目的是获取实际三维环境的三维数据，并根据应用的需要，利用获取的三维数据建立相应的虚拟环境模型。三维数据的获取可以采用 CAD 技术(有规则的环境)，而更多的环境则需要采用非接触式的视觉建模技术，两者的有机结合可以有效地提高数据获取的效率。

2. 实时三维图形绘制

三维图形的生成已经较为成熟，实时三维图形绘制技术的关键是如何实现“实时”生成。传统真实感图形绘制算法追求的是图形的真实感和高质量，对每帧画面的绘制速度并没有严格的限制，而虚拟现实系统要求的实时图形绘制本质上是一种限时计算技术，即要求算法必须在给定的时间内完成对场景的绘制。为了达到实时的目的，至少要保证图形的刷新率不低于 15 帧/s，最好是高于 30 帧/s。在不降低图形的质量和复杂度的前提下，如何提高刷新频率将是该技术的主要研究内容。

3. 立体显示和传感器技术

虚拟现实中的人机交互远远超出了键盘和鼠标的传统模式，三维交互技术已经成为计算机图形学中的一个重要研究课题。虚拟现实技术的交互能力依赖于立体显示和传感器技术的发展。现有的虚拟现实还远远不能满足系统的需要，例如，数据手套有延迟大、分辨率低、作用范围小、使用不便等缺点；虚拟现实设备的跟踪精度有待提高，跟踪范围也有待扩展，因此有必要开发新的三维显示技术。

4. 应用系统开发工具

虚拟现实技术应用的关键是寻找合适的场合和对象，即如何发挥想象力和创造性。选择适当的应用对象可以大幅度地提高生产率，降低劳动强度，提高产品质量。为了达到这一目的，必须研发虚拟现实技术的开发工具。例如，虚拟现实技术系统开发平台、分布式虚拟现实技术等。

5. 系统集成技术

由于虚拟现实系统中包括大量的感知信息和模型，因此系统的集成技术起着至关重要的作用。集成技术包括信息的同步技术、模型的标定技术、数据的转换技术、识别和合成技术等。

虚拟现实技术的发展是由于人类把想象力与电子技术结合在一起，是计算机软件技术与硬件技术高度发展在各个领域的应用过程中的反映与结晶。虚拟现实技术不仅包括图形图像、网络技术、智能仿真，还涉及数学、物理、通信、地理、美学、心理学、社会学、管理学等相关学科。在美国，目前已经形成了由政府、企业、大学组成的多层次、多方位的虚拟制造技术研究与开发格局。

1.9.1 虚拟现实技术在军事领域的应用

最先进的技术首先应用于国防是各个国家的惯例，虚拟现实技术最早出现在军事领域。据有关资料记载，1929 年，虚拟现实设备就出现在空军基地的飞行模拟训练设备行列中（LINK 飞行模拟器），成为最早应用虚拟现实技术的领域。这一项技术的应用使飞行训练不存在高空危险，飞行训练的成本与风险大为降低，训练的质量和数量不断提高。因此，军方在各军兵种危险系数高、训练难度大、实战价值高的科目训练中十分重视虚拟现实技术的应用。特别是在和平时期的军队现代化训练水准的巩固与提高上，虚拟现实技术扮演着重要的角色。例如，虚拟现实的三军联合军演，可用最低的成本获取高级将领以及各军兵种合成作战的军事指挥经验，提高作战指挥水平。虚拟现实兵器模型如图 1－6～图 1－8 所示。

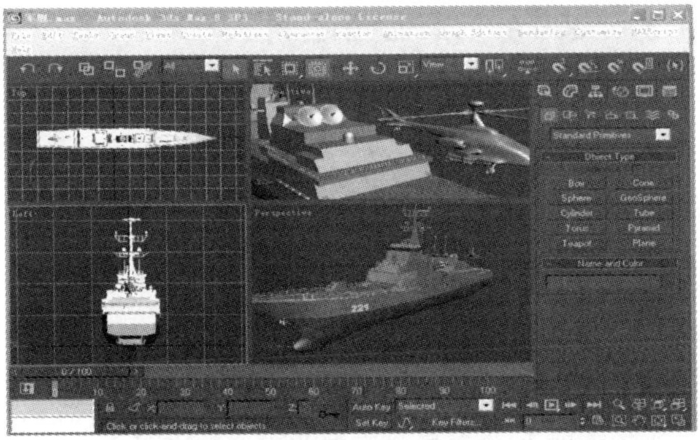

图 1-6　虚拟现实军舰模型

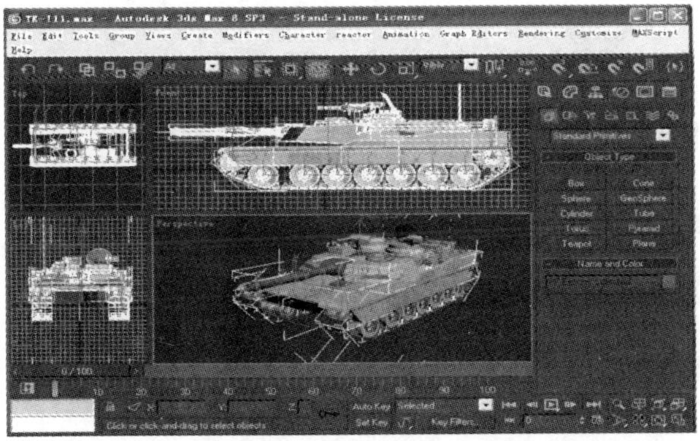

图 1-7　虚拟现实坦克模型

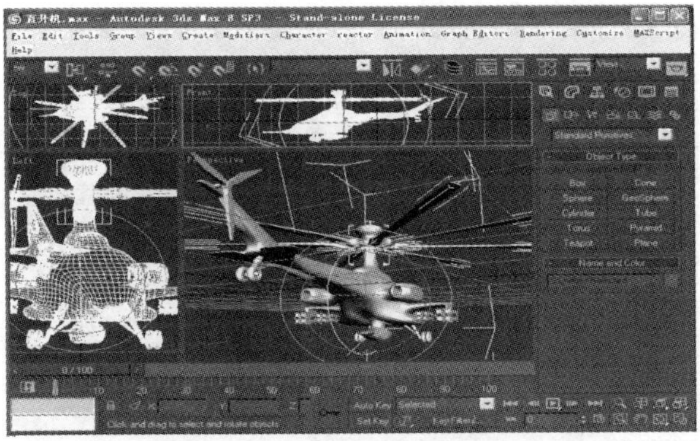

图 1-8　虚拟现实直升机模型

1.9.2 虚拟现实技术在医学领域的应用

虚拟现实技术在医学科学、医疗临床教学领域的应用效果尤为突出。虚拟现实技术的应用突破了医学教学依赖动物实验的传统。用虚拟现实技术可以模拟出人体所有的器官、骨骼、肌肉、心血管系统、呼吸系统、泌尿系统以及它们的功能;能够很容易地将死亡率很高的复杂手术搬上课堂轻松地、分步骤地讲解,并实时互动;可以模拟显示出人体在不同外力重创的情况下所产生的各种创伤以及术后的恢复情况,让临床手术的风险降到最低,如颅脑手术、心脏手术等。虚拟现实颅骨手术全身骨骼如图 1-9 和图 1-10 所示。

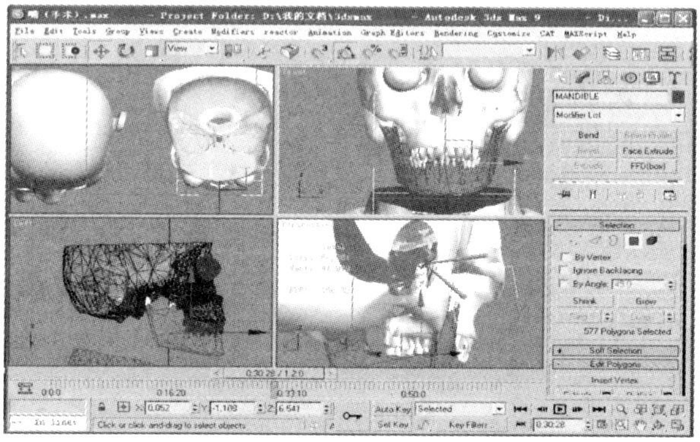

图 1-9 虚拟现实颅骨手术

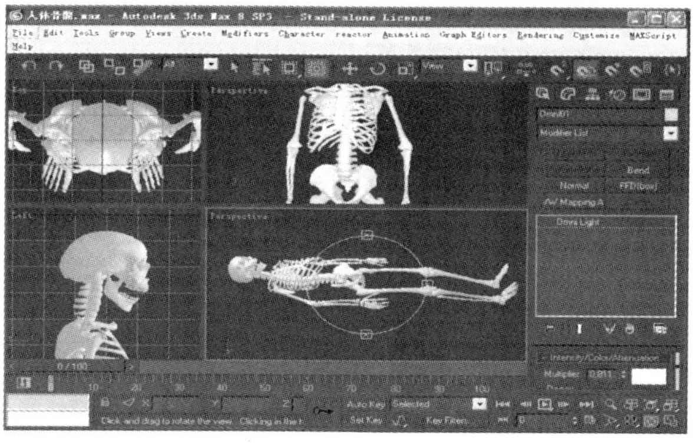

图 1-10 虚拟现实全身骨骼

1.9.3 虚拟现实技术在航空航天领域的应用

虚拟现实技术被应用于航空制造业及航空安全研究中，如基于虚拟现实技术的发动机机务训练系统，解决了真实装备在培训中的制约问题，并提高了经济效益和军事效益；美国航空航天局（NASA）和欧洲航空局（ESA）应用虚拟现实技术，NASA 将虚拟现实技术运用于“哈勃太空望远镜的修复和维护”计划的仿真训练中。美国把虚拟现实技术运用于军事作战场景中，如坦克训练和虚拟战场系统与空战仿真系统连接，构成立体的、综合的虚拟场景。美国的虚拟火星车在虚拟的火星地面场景中行驶时，可以做到像真实火星车一样的精确，一样的触手可及。又如，美国波音 777 飞机的研制中应用虚拟现实技术开发了“先进计算机图形交互应用系统”辅助设计，它不仅节省了研制周期，也节省了大量经费，节省了数千小时的设计工作量，促进了航空制造业的发展。

虚拟现实飞机模型如图 1－11～图1－14所示。

图 1－11 3D 虚拟现实飞机模型一

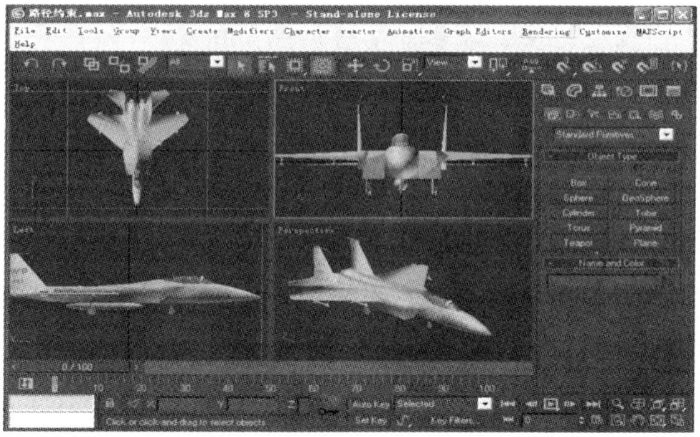

图 1－12　3D 虚拟现实飞机模型二

图 1－13　VRP 虚拟现实飞机模型控制界面

图 1－14　虚拟现实飞机驾驶训练仪

1.9.4 虚拟仿真技术在公路交通领域的应用

公路交通隧道工程是国家重要的大型基础建设工程，投资大、成本高，施工周期长，工程危险大，技术要求严格。因此，尤为强调方案设计过程阶段的项目可行性论证研究。虚拟现实技术在公路交通隧道工程的结果预览、工艺技术流程、方案比较、预案监测、施工过程等方面的使用，为项目可行性分析研究和指导提供了重要的方法，对公路交通的桥梁、隧道、设备以及交通工具等方面的设计研发也提供了有效的工具。由于具有精确的三维视觉表现力，如VR－PLATFORM，系统平台软件广泛应用于道路、桥梁、隧道等工程的虚拟仿真。其照片高清、效果真实，设计中的道路、桥梁很直观地呈现在人们面前，使得人们可以提前对其视觉效果和使用效率进行评估和预演，有效降低设计和施工风险，极大地提高设计和施工效率，降低成本。

在路桥工程方面的仿真主要包括以下几个方面：

(1)路桥工程设计规划，直观检验工程方案设计的合理性及工程视觉效果。

(2)辅助复杂交通方案设计，帮助确定附属设施及管理方案。

(3)三维路桥方案上网，收集公众意见。

VRP平台是目前视觉表现效果很好的虚拟现实软件平台之一，支持高真实感、高效实时渲染画质。可以利用3DS MAX中各种全局光渲染器所生成的光照贴图，使场景具有非常逼真的静态光影效果。该软件给予设计人员最大的支持，使其能够充分发挥自己的想象力，贯彻自己的设计意图，没有过多的限制和约束。

VRP平台可逼真地模拟红绿灯、LED动态信息显示屏、霓虹灯、天空盒、雾效、太阳光晕、体积光、实时环境反射、实时镜面反射、花草树木随风摆动、群鸟飞行动画、雨雪模拟、全屏运动模糊、实时水波等，支持尺寸测量，包括体量测量、距离测量、面积测量，功能强大，使用方便。虚拟现实公路交通隧道方案等实例如图1－15～图1－19所示。

图 1－15　虚拟现实公路交通隧道

图 1－16　虚拟现实公路隧道模型

图 1－17　虚拟仿真概念车

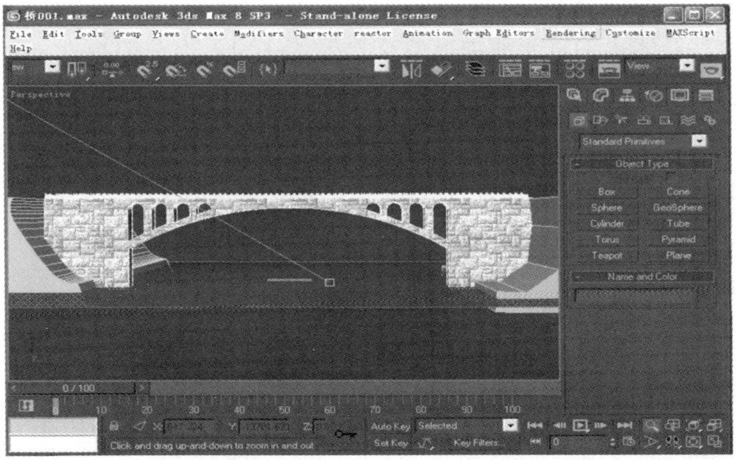

图 1－18　虚拟现实桥梁模型

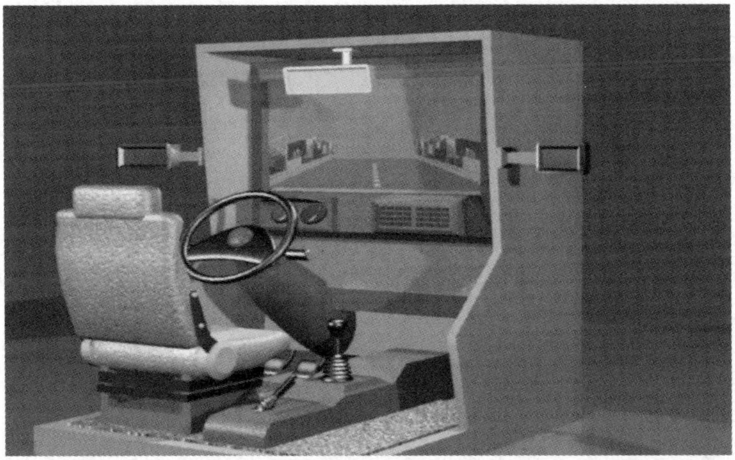

图 1－19　虚拟现实模拟驾驶器

1.9.5　虚拟现实技术在城市规划与建筑领域的应用

近 20 年来，随着城市化水平的不断扩大，人们居住环境的改善，新型城市的规划、建设、发展以及老城区的改造步伐加快，虚拟现实技术在城市规划领域和房地产开发业中得到了广泛的应用。从虚拟出静态的平面设计发展到虚拟漫游和虚拟仿真，继而又和地理信息数据结合，发展了高精度的三维电子地图系统，这些技术上的进步使项目的规划设计达到了很高的精度，而且使项目的修改、变更等繁杂的过程变得简单，促进了城市规划和房地产开发产业的发展，拉动了经济的增长。虚拟现实技术在城市规划与建筑领域的应用为地产商带来的价值有以下几个方面：

（1）作为项目方案报批的直观载体，降低了与政府部门之间的沟通成本，提高了沟通的效率。

（2）开发商还可以在虚拟现实的技术中，任意截取图片或片段制作广告，从而降低广告投入成本。

（3）应用虚拟现实技术，目标客户可以在虚拟现实演示系统中自由行走、任意观看，冲击力强，大大提高了合同签约的速度。采用虚拟现实技术的地产商能够给购房者带来便利，让购房者看到直观的样板房形象；在销售处的电脑上运用虚拟现实技术能让购房者在电脑上亲眼看到几年后才建成的小区的效果；观赏到优美的小区环境设计；在电脑上选户型；等等。

（4）根据美国著名的不动产网站 www. realtor. com 的数据显示，有虚拟现实技术展示的房产比没有虚拟现实技术展示的房产，访问率增加了 40％，购房率增加了 28.5％。

（5）方案具有多用途功能，可用于网上广告进行产品销售推广、公司品牌推广、售楼现场展示、公司网站和房地产项目网站展示，作为公司的历史资料永久保存，用于商业项目长期招商、招租，或用于各类评比活动。一次性投入，可以应用在项目报批、建设、销售、招商、招租等各个环节，并可以永久使用。

第 29 届奥运会的主比赛场馆鸟巢、水立方等整个数字奥运场馆建设应奥组委需要进行了设计，在施工建设之前都进行了场馆的 3D 建模和虚拟仿真研究分析。规划设计部门针对模拟奥运场馆建设的实际效果做“现场”评估，及时发现并解决问题，并且将模拟的奥运场馆放到互联网上供市民全方位地体验、浏览。为有关部门提供了奥运会场、北京空间地理信息以及各种环境、人文等信息。虚拟现实的城市规划地图建模如图 1－20 和图 1－21 所示。

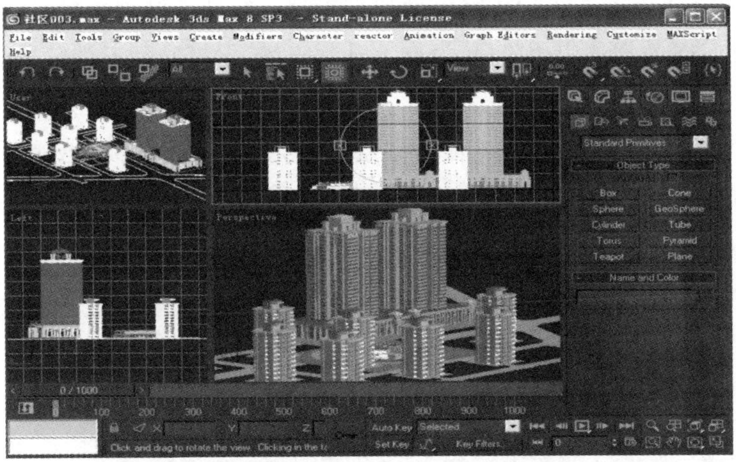

图 1-20 虚拟现实商住小区建筑

图 1-21 虚拟现实建筑

目前,城市设计和管理等领域的数字化应用发展迅速。"数字城市"的提出,源自美国前副总统戈尔 1998 年提出的"数字地球"。城市是个复杂的巨大系统,包括用地、建筑、市政设施等多个子系统,各个子系统之间具有复杂的空间关系,在建筑和城市规划的空间设计领域中,虽然已经广泛实现了 CAD 设计,但在论证和管理方面仍旧停留在二维平面图纸以及物理模型等传统表现工艺阶段，还谈不上真正的数字化设计与管理。在城市管理领域，多数还是停留在二维 GIS 数据的应用阶段，没有上升到三维，但提升到三维阶段是一个趋势。虚拟现实技术可以通过三维建模逼真地模拟现在和未来的城市，支持数据分析、方案论证和优化，支持地理信息系统等，通过这些翔实的数据和相关资料可以直观、真实地进行方案评估、审核以及管理等日常工作，更为重要的是它可以为多部门参与和协同工作提供有效的平台。这也是虚拟现实在数字城市中得到广泛应用的主要原因。

虚拟现实数字城市模型如图 1 - 22 和图 1 - 23 所示。

图 1 - 22　虚拟现实数字城市模型

图 1 - 23　虚拟现实数字城市模型导航界面

国内有许多专注于研发和推广虚拟现实与三维可视化技术在数字城市领域应用的专业公司，他们是国际领先的虚拟现实技术解决方案供应商和相关服务提供商，专门针对数字城市完全自主研发出产品——数字城市仿真平台。例如中视典开发的 VRP－Digicity 软件、三维网络平台 VRPIE、三维仿真系统开发包 VRP－SDK 等，能满足不同规划管理领域、不同层次客户对数字仿真的需求。三维仿真、规划及辅助决策系统是城市规划、建设、管理与服务数字化工程的重要组成部分，它综合运用 GIS、遥感、网络、多媒体及虚拟现实仿真等高科技技术，为城市数字化提供三维可视化管理和规划辅助决策支持功能。具体实现内容如下：

从三维可视化看，虚拟现实为城市规划管理提供了可视化的方法。系统通过显示不同建筑方案同周边建筑群体的相互关系，真实地再现规划建筑和现状建筑的空间关系，并能适时修改高度、方向、体量、色彩等，使得规划评审专家和决策者可以从不同观察角度直观地对比多个规划设计方案，帮助决策者更加清楚、直观地确认合理方案，从而提高规划管理水平，减少决策失误，降低盲目性，提高规划评审质量，提升评审决策的科学性，使规划管理更科学、更透明。

从管理功能看，虚拟现实技术在规划工作不断完善的过程中，保持与规划进度同步，使最新的规划内容能够及时地反映在格式化的环境中，从而加强规划的管理工作。城区仿真是融合空间信息和属性信息为一体的三维可视化仿真环境，并能对已有数据进行分析，对城区规划进行可量化的管理。

从系统扩展看，虚拟现实技术应该成为城市管理中多部门共同使用的高效、直观且可靠的平台，具有足够的软件、硬件接口和功能扩展模块，逐步应用于城市交通管理、公共安全服务和灾害预防等领域。例如，中视典 VRP－Digicity 软件功能包括结合“数字城市”需求特点，针对城市规划与城市管理工作而研发的一款三维数字城市仿真平台软件，该平台软件分为 Digicity Manager，Digicity Designer，Digicity Browser，Digicity Developer 4 个子产品，提供了用于建筑设计、城市规划、城市管理等领域的高效、直观、准确的整套三维辅助工具，是“数字城市”面向三维信息化的首选。其主要功能如下：

(1)场景制作。打开 VRP 场景文件，创建 DigiCity 项目，建立场景物体和各项规划指标数据之间的联系，从而实现城市规划数据和三维空间形象的一致性。

(2)工程内容。对项目、方案、图层和规划元素进行集中管理和展示。实现操作规划指标数据的各项具体功能。

(3)大场景支持。支持静态加载和动态调度两种方式来管理大场景的存储，并采用了局部更新、本地缓存、LOD(细节渐进)、自动材质优化分类、视锥剔除、八叉树场景分割等多项优化技术来提高场景运行效率。

(4)平面导航图。提供 2D 导航路径功能，实现即点即到。

(5)分图层管理。图层是对三维场景物体进行规划分析的关键，是场景物体与规划元素联系的桥梁。场景中的每个物体都属于且仅属于某个图层，操作图层可以控制物体的显示或隐藏，能否编辑，等等。

(6)分类显示。分类显示功能方便决策者对规划成果进行量化分析。根据规划元素属性数据中某一个属性域的不同属性值，将三维场景中与规划元素相关联的物体用不同的颜色显示出来。

(7)测量工具及坐标捕捉。测量工具主要用于进行场景中任意点的坐标捕捉和定位，点间的水平距离、直线距离、面积以及体积的测算。

(8)方案对比。针对建筑、道路、公共设施、绿化等方案进行双屏或多屏比较，并可设置具体参数。

(9)日照分析。能够选择城市、日期、时间，演示单个或多个建筑物的阴影变化，直观地看到新建建筑对周边建筑的日照影响。虚拟现实日照分析模型如图 1-24 和图 1-25 所示。

(10)规划信息查找定位+地域名搜索定位。提供场景物体规划属性互查功能。通过物体能查询到属性，通过属性能查询定位到物体。查找方式支持模糊查询，查询内容可任选某一字段，运算方式可任选一种。选中场景物体，双击鼠标即可显示场景物体属性。在查找对话框中输入要搜索的地名，可快速搜索到该地名关联的物体，并定位该物体。

虚拟现实的城市规划数字化地图建模如图 1-26～图 1-29 所示。

图 1－24　虚拟现实日照分析模型

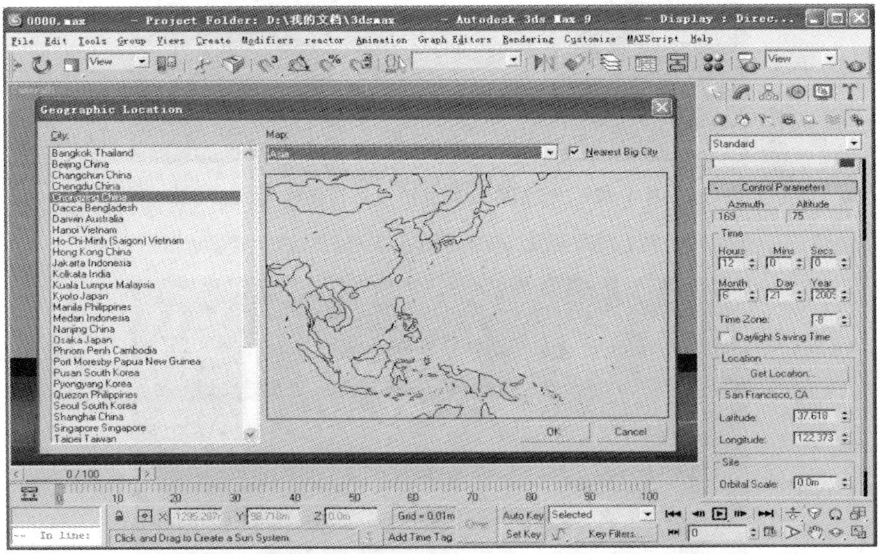

图 1－25　3DS MAX 日照分析设定界面

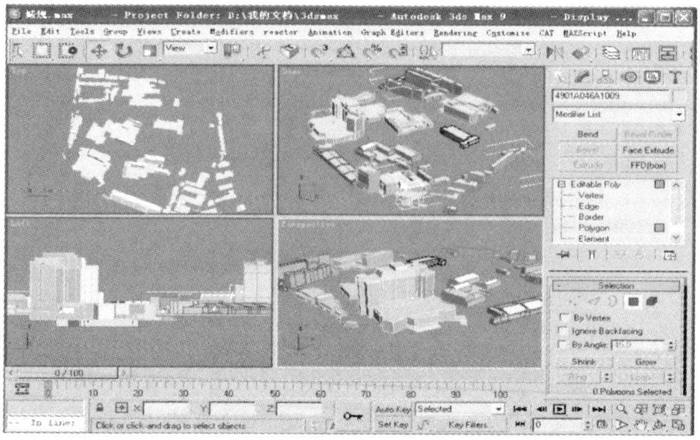

图 1-26　虚拟现实的城市规划地图建模(一)

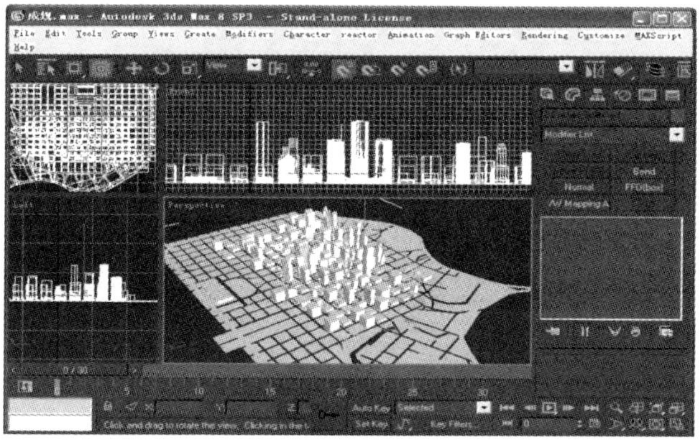

图 1-27　虚拟现实的城市规划地图建模(二)

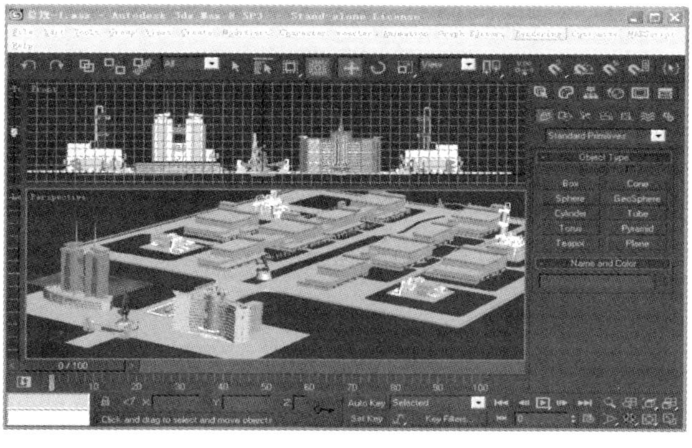

图 1-28　虚拟现实的城市规划地图建模(三)

图 1-29 虚拟现实的城市规划建模渲染稿

1.9.6 虚拟现实技术在能源等领域的应用

能源领域的工作技术难度高、危险性大、作业面宽、管理范围广、劳动强度大，如钻井障碍安全保护，高压带负荷条件下的损毁零部件拆装更换，安全生产调度与管理，井口工序操作程序训练与科目培训，防火、防盗应急预案模拟训练，阀门内部结构剖面结构显示与工作原理解析等课题，通过虚拟现实技术的应用得到了有针对性的解决与提高。油气田资源管理工作中应用了三维数字油田，对油气勘探开发和油田管理决策提供了信息化技术系统。三维数字油田的核心内容是为石油企业建立数据和信息资产管理体系，在信息管理的基础上，面向石油勘探、开发、地面建设、储运销售以及企业管理等各生产环节，建立多专业的综合业务管理体系，并与各行业的应用系统进行高度融合。在建立了油田生产和管理流程优化应用模型的基础上，利用虚拟现实技术对数据实现可视化和多维表达，并且通过智能化分析模型，为企业的经营管理提供良好的信息支撑服务。三维数字油田解决方案旨在采用虚拟现实环境建模技术、多重细节技术、三维景观数据库技术、虚拟现实系统与地理信息系统的集成等关键技术，进行整个勘探区不同尺度卫星数据的无缝镶嵌及真彩色还原，构建三维虚拟现实系统。在具有地理精度的真实三维场景中，进行地面油田设施的管理和网络发布。系统提供从计算机模拟的三维场景中多角度查看现实中的地物、油井等的功能，并且可以查询相关属性信息、辅助决策，这对整个油区信息化建设具有重要的意义。例如，VRP－PHYSICS可以建立数字油田场景，展示全油田的真实地理环境，辅助管理利用油田信息中心已有的信息（与属性信息的高效集成，建立数字三维场景，提供在三维可视化环境中的信息属性查询和分析，集成一个以“数字地球”为原型的地理数据和油田专业数据的几何体，生动地展示全油田的真实面貌，同时能够实现基于对象的快速定位、浏览和飞行以及关联属性的查询，使管理者能够基于此平台及时了解油田群的空间布局、经济、资源等信息，为油田全面信息化管理应用打下基础。

可以构建一个基于网络的三维数字油田的服务平台，为全油田业务领域提供地面设施的定位和属性查询，以配合相关业务单位开展专业工作。

可以将三维数字油田的专业应用系统与三维可视化相结合，建立以下一些系统：

(a)三维数字油田应急预案可视化系统；

(b)三维数字油田测量系统；

(c)三维数字油田设备管理系统；

(d)三维数字油田安全管理系统；

(e)三维数字油田资料管理系统；

(f)三维数字油田知识管理系统；

三维数字油田生产管理系统虚拟现实的井口阀门设备内部结构的剖面结构显示与工作原理解析如图1－30～图1－32所示。

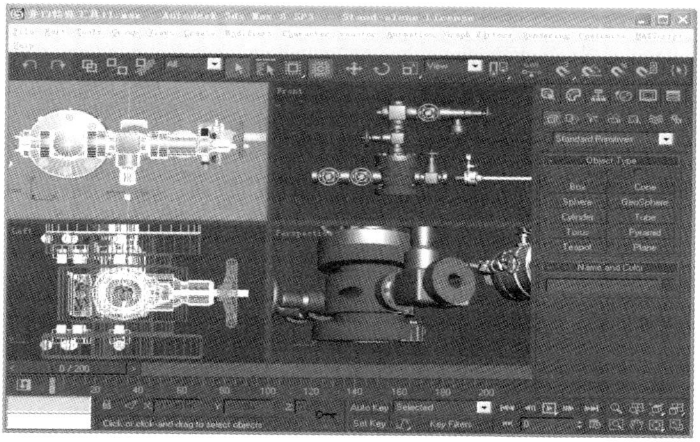

图1－30　虚拟现实的井口阀门设备(一)

图 1-31　虚拟现实的井口阀门设备(二)

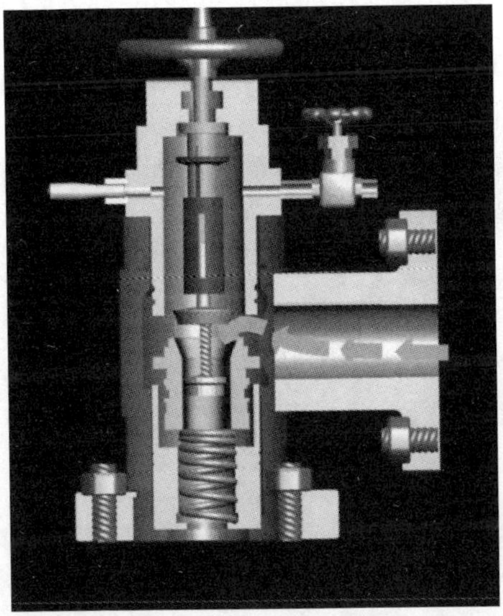

图 1-32　虚拟现实的阀门剖面工作原理解析

1.9.7　虚拟现实技术在机械制造领域的应用

机械制造包括产品外观设计、机械运行原理解析、结构细节设计、功能效率分析与培训等方面。例如，大型机械设备运行原理仿真、培训及产品电子样本演示，生产线装配安装流程的仿真，技能培训教学和生产线模拟及监控，各种虚拟场景和真实工业设施的交互操作应用，等等。虚拟现实技术可以解决智能化运行的问题，还可以解决产品外观形象优化问题，极大地提高了产品的可靠运行与结构的科学构架，将精确的运行数据与设计理念有效结合。许多工业发达国家充分应用了虚拟现实技术来完成复杂产品的结构设计，既具备展示效果又具备实际应用功能，处于行业技术的领先地位，如概念车的设计、发动机曲轴剖面结构分解等。例如，VRP－PHYSICS 物理引擎系统能够模拟真实的刚体运动，运动物体具有密度、质量、速度、加速度、旋转角速度、冲量等各种现实的物理动力学属性。在发生碰撞、摩擦、受力的运动模拟中，不同的动力学属性能得到不同的运动效果。在用户和物理场景的交互方面，VRP－PHYSICS 物理引擎系统不仅提供了自由的、真实的动力学交互手段，而且用户可以对任意物体的任意位置施加推力、扭力、冲力等，也可以对物体动态设置速度、角速度、密度等参数。发动机曲轴剖面结构分解和概念车如图 1－33～图 1－36 所示。

图 1－33　虚拟现实发动机曲轴分解图

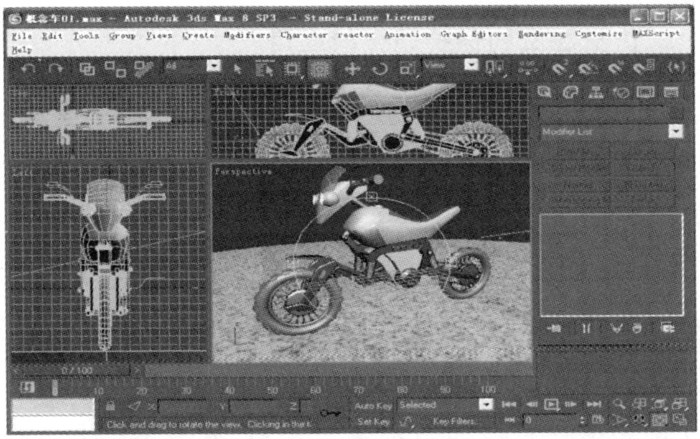

图 1 - 34　虚拟现实摩托车图

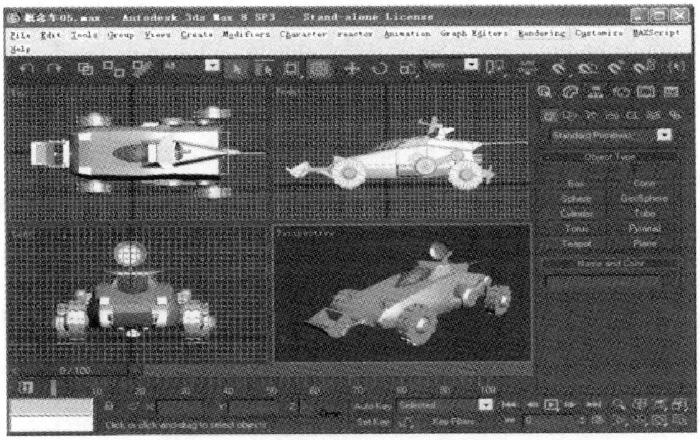

图 1 - 35　虚拟仿真概念车(一)

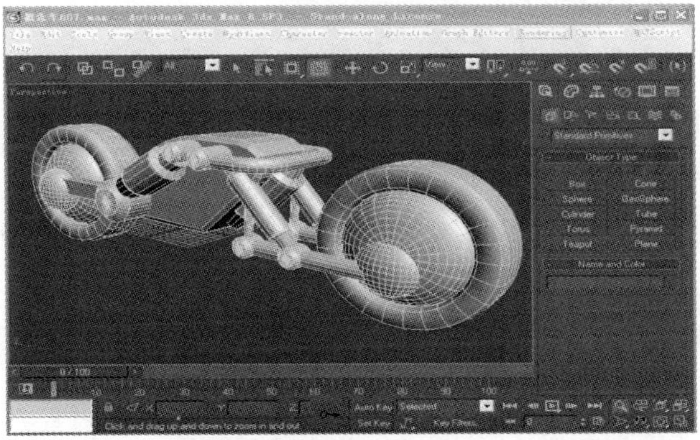

图 1 - 36　虚拟仿真概念车(二)

1.9.8 虚拟仿真在文物保护领域的应用

文物是不可再生的历史文化资源，利用虚拟仿真技术保护文物和复制文物成为抢救、保护人类文化遗产的重要手段。历尽沧桑的大量文物在现代虚拟现实的技术下得到了拯救，使人类先祖遗留下的文明信息得到了传播，许多濒临绝迹的精神与物质文化遗产得到了继承。例如，利用 VR - Platform 虚拟现实技术，结合网络技术，可以将文物的展示、再现、保护水平提高到一个崭新的阶段。

首先，将文物实体通过影像数据采集手段，建立起三维实物的模型数据库，保存文物原有的各项形式数据和空间关系等重要资源，实现濒危文物资源的科学、高精度和永久的保存；其次，利用这些技术来提高文物修复的精度并进行预先判断，选取将要采用的保护手段，同时可以缩短修复工期；最后，通过计算机网络来整合大范围内的文物资源，并且利用虚拟现实技术，更加全面、生动、逼真地展示文物，从而使文物脱离地域限制，实现资源共享，真正成为全人类可以“拥有”的文化遗产。使用 VR - Platform 虚拟现实技术可以推动文物、博物馆行业更快地进入信息时代，实现文物展示和保护的现代化。

VR - Platform 在文物古迹虚拟仿真方面能提供的服务包括以下几个方面：

(1)文物建筑、景点的虚拟展示及虚拟复原。

(2)文物物品虚拟展示及虚拟复原。

(3)古代人像及行为虚拟展示。

(4)古代自然现象、天体现象等运动规律虚拟复原展示。

(5)虚拟博物馆漫游、在线虚拟博物馆系统。

(6)博物馆虚拟展厅硬件系统。

在文物古迹虚拟仿真方面，VR - Platform 具有以下一些功能优势。

(1)逼真度高、画面质量好。

(2)可容纳多种数据格式。例如，三维扫描仪扫描的数据文件、三维模型文件等。

(3)可承载 400 万面以上大面积文物古迹复原场景。

(4)精细程度高,可高精细度复原文物物品的纹理、材质、形状等。

(5)支持骨骼动画、粒子系统等特效,可逼真模拟古代人像以及人体行为。

(6)支持物理引擎系统,可模拟古代自然现象以及天体运动的物理规律。

总之,在古代建筑的修缮、重建、复原、仿制、规划、设计过程中,虚拟现实技术都发挥着十分重要的作用,不仅可以使文物重见天日,还对历史文化信息的分析研究、保存借鉴等都起着重要的作用。虚拟现实的北京圆明园和虚拟现实的西安博物院如图 1-37～图 1-39 所示。

图 1-37 北京圆明园废墟遗址

图 1-38 虚拟现实的北京圆明园模型

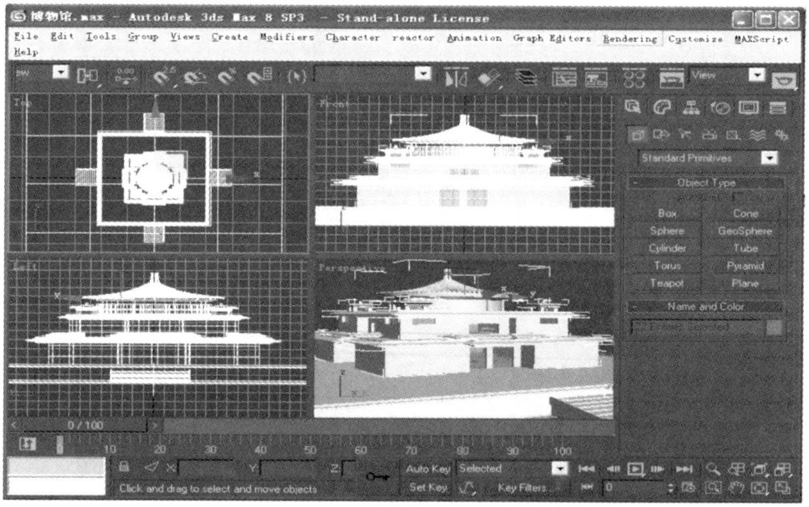

图 1-39　3D 虚拟现实的西安博物院模型

虚拟现实技术承担着保存人类文化遗产的使命。因此，虚拟现实博物馆的社会职能和传统博物馆一样，不但承担着收集各种文物的使命，还承担着保存人类文化遗产的永恒使命。由此可见，3D/VR 技术将在文物信息保护领域发挥重要作用。

在中国 5000 年悠久、漫长的历史长河中，勤劳、智慧的中华民族为人类文明史留下了无数文化遗产。日月沧桑，由于自然的风化衰变、地震、水患、火灾等自然灾害和人为的浩劫与战乱，今天，我们能有幸见到的历史文物大多数都已是千疮百孔、伤痕遍体、残缺不全的。尽管国家文物部门及社会力量投巨资挖掘、保护并拯救了大批珍贵历史文物，但是，仍有相当多的文物因年久失修、保护技术落后以及资金匮乏等因素永远无法再现。这无疑对中国、对世界而言都是无法估量的巨大损失。遗失的文物所承载的是人类文明的社会记忆，是历史告诉未来的信息，是无法追回的祖先那份植根于家园的精神与情感，因此，我们利用虚拟仿真技术发掘出这些人类社会留下的历史记忆与文明信息，再利用虚拟现实图书馆建立数据库保存好这些文物及其数字信息，同样是为保护人类文明信息所尽的一份社会义务。方案阶段的 3D 虚拟现实的西安博物院模型如图 1-40 所示。

图 1-40 3D虚拟现实的西安博物院模型

虚拟仿真技术在文物保护领域具有以下几个方面的作用：

(1)虚拟仿真保护文物是非接触式的仿制。通常，传统的文物保护概念包括发掘、整理、修补、修缮、拓印、拷贝、仿制、封存、重铸、典藏、收藏、拼装、对接、固定等，多数是以手工操作为主的接触式操作，最终被保护的文物对象是以某种客观现实的物质实物形态呈现并保存于世的。比如，现藏于西安碑林博物馆的昭陵六骏有多处残缺、断裂、缺损，文物考古人员采用拼装、对接、固定的方法进行抢救性保护，才使这批我国古代雕塑史上千古不朽的艺术杰作与公众见面。

虚拟现实技术在古迹复原、文物复原方面，采用的是非接触测量的全新技术。比如，采用三维成像技术及实地摄影、数据采集、三维动画合成等技术，创建出古建筑、古墓葬等虚拟文物建筑影像的三维模型；利用3D建模技术将文物对象的修缮保护工程方案制成数字化模型，在计算机上全面、具体、准确、生动地互动演示或者以动态漫游视频的方式反复播放，并且可渲染成单帧的静态图片信息保存，随时提供给使用者。这是对历史文化古建筑对象的一种数字化呈现，也是一种非物质文化遗产的数字化呈现。再比如，虚拟现实的北京圆明园、紫禁城，虚拟现实的西安唐大明宫、西安古城墙等均属于对古建筑文物对象的数字化呈现。承担制作完成全部古建筑结构的3DS MAX动画软件内置的建模程序、材质赋值程序、光影跟踪程序、动画及音频程序功能强大，足以满足文物复制的需要。虚拟现实技术为非接触式文物保护提供了一种全新的文物保护技术和观念。如果能获得古代地貌和古生物信息，还可以高精确度复原古代天象、古代生物、古代地貌、古代生活环境及场景。陕西省自然博物馆就制作了虚拟仿真的侏罗纪时代的恐龙世界，在恐龙化石展览馆上层的球形全景电影厅播放，使现实模型和虚拟视频两种展出效果相得益彰。用虚拟仿真技术抢救和保护文物是高技术的保护措施之一，从文物保存的角度看对虚拟历史文化信息的储藏保护也是一种文物保护，特别是对流失的文物而言更是一种有效的还原方法。

(2)设想虚拟现实技术对全国文物普查的作用。2007 年 4 月，我国开始了第三次全国文物普查。随着城市化的加速和大规模的城乡建设，我国保留至今的文化遗产数量究竟有多少？这个家底还有多少？还有多少需要保护发掘？这不仅仅是国家文物部门的事情，计算机行业以及虚拟现实技术也是可以发挥作用的。众所周知的谷歌地球(Google Earth)应用计算机技术已经能够虚拟全球地形地貌乃至海床模型；国内目前也有了虚拟数字化地图和导航系统。虚拟现实技术已经在很多领域内得到了广泛的应用。因此，可以推断，从技术层面上讲我国现有的软件、硬件技术条件解决全国文物信息数字化课题是存在可能的。虚拟技术从业者应助国家一臂之力，如可以设想，将文物普查的信息、资料进行采集、存储、汇总之后，建立规范的全国性虚拟现实信息档案中心和虚拟现实文物中央信息数据库，将全国文物普查的结果虚拟信息化，制作成视频、图片、模型等数字化数据库信息资源，并将数字化数据库信息提供给文物复制部门、规划建设部门，以及提供给博物馆、数字化图书馆永久保存使用；还可以用计算机检索技术对虚拟现实文物的认定标准、分类标准、定名标准、年代标准、计量标准等方面的信息进行科学化管理等。让虚拟仿真技术承担起文化遗产的普查、统计、保存、管理工作过程中的助推器作用。

(3)虚拟仿真再现复原是对传统文化遗产保护的补救措施。传统文化遗产的保护分为两大类：一是可移动文物，二是不可移动文物。比如，珍贵的艺术品、工艺品、文献、手稿、图书资料、美术作品等属于可移动文物；古文化遗址、古墓葬、古建筑、石窟寺、壁画等属于不可移动文物。虚拟仿真技术对实体物体，如建筑类、石材类、瓷器类、土木类的物质都有针对性的解决程序，不仅可以仿真而且还能超现实地表现某些特殊的物理特性。因此，特别是对损毁严重、流失海外无法追回的珍贵文物，只要根据文献记载和基本完整的相关数据就可以应用计算机虚拟技术复原再现。比如，对物体表面失去色泽的部分就可以在虚拟仿真相关软件的材质编辑器的参数内调整还原。对玉石类、青铜器类、雕塑类的文物还可以调节透明度、反光度和凹凸度等。对不可移动的文物，比如古建筑、古墓葬，可以将文献资料信息得到的技术参数、建筑尺寸等数据输入三维建模语言，还原其本来面貌。当然，这项工作需要计算机虚拟技术的专家、古建筑的专家和文物专家的技术合作。特别是古建筑等文物残缺部分的信息，需要历史知识、文物知识、建筑学知识、建筑规范等相关学科知识信息的逻辑推理加以支持。因此，应用虚拟仿真技术对古建筑、珍贵的工艺品、雕塑等文物的复制前景是值得期盼的有效的补救措施。可以设想，如果用虚拟技术将陕西临潼发掘的兵马俑出土时的色泽还原，展现给参观者，自然能少一点陶俑出土后不久就褪色的遗憾。特别是对流失海外的文物、暂时无法挖掘的古迹均可利用虚拟技术将数据保存，并通过影像数据再现，以慰藉国人。

(4)虚拟仿真技术是历史人文景观再现及仿制的有效工具。近 20 年来，随着经济的发展，一大批历史人文景观如雨后春笋般地蓬勃发展起来。许多历史文物、历史人文景观的仿制和重建对拉动、发展经济内需，促进旅游商品业的发展起到了显著的作用。景观的文化历史内涵是最能吸引访问者的，特别是对历史、文化知识的宣传普及教育，能起到寓教于乐、潜移默化的积极作用，是课堂教育效果难以达到的。在计算机程序的虚拟设置中，根据已有的与文物历史文化相关的信息数据和建筑资料、景观资料及产品的尺寸等基础性数据，借助数字化信息资源，进行充分地收集、共享，弹指于鼠标与键盘之间，便可使已经流失的文物景观信息通过虚拟现实技术还原再现。因而，利用虚拟仿真技术能再现历史景观的优势，对历史景观文化资源信息有组织、有计划、有规模地整理制作，对继承与发展历史文化信息是十分有益的。从技术层面上来看，在以技术手段虚拟仿真历史人文景观的设计过程中，计算机虚拟仿真技术功不可没。比如，西安市西大街仿唐古建商业街工程虚拟仿真规划预设方案；西安市大雁塔南、北广场及周边仿古景观工程虚拟仿真预案设计；法门寺再建虚拟仿真设计方案等，都在大规模建设之前，进行了施工方案的虚拟性设计，这对建设方案的可行性论证和工程预算起到了重要作用。从文物保护的眼光看，此时虚拟设计的意义已经不仅仅是满足景观与旅游经济的需要，更深层次的意义是为文物仿制提供了一条以技术手段捷径式的步入方法。其优势具体表现在：

1)能全面、准确地收集、整理已有的历史文化资源。智能化高速运行且海量内存的计算机可以将浩如烟海的文物数据信息以虚拟信息资源的方式快捷地实现储存、整理、归类、检索、传播。尤其是针对时空跨度大、数据量大的古建筑群信息及周边环境的建筑群信息的整理加工，如全国性的文物普查，应用起来效果显著。

2)虚拟数字化信息促进了现代建筑与古代建筑在技术与理念上的融合与和谐。传统古建筑在建筑材料、社会等级、政治、经济、宗教信仰等背景因素的制约下，所营造的建筑在结构、风格、理念等方面存在局限和不足。如大跨度、超高度等技术会受到自然加工的木材、石材尺寸的限制，而这一点却是现代建筑技术的长处。虚拟数字化信息技术的设计师能够兼容传统建筑信息与现代建筑元素各自的优势，取长补短，充分表现现代建筑和古代建筑在材料、技术、美学理念等方面的特色。

3)保证了古代建筑文化信息的精准性及广泛传播。古代文化信息在历史的传承过程中，因为种种不确定的因素会产生变异现象。唐代长安城的建筑风格不是被全部、完整地继承的，准确地复制才能准确地继承和传承。而有的继承过程中与本地民族风格融合，有的则是部分信息数据丢失或错误，因此，许多地区的古代建筑已失去原来的风格与外貌。然而，为保持唐代建筑的精确继承，许多城市古建筑都以西安古建筑为原型。有了计算机虚拟仿真和网络化数字资源的远程传输技术应用，古代建筑的准确重建、仿建、复制、传播、传承等继承发展中的标准化等困难便迎刃而解。西安古城景观修缮工程中，可以一丝不苟地继承古建筑语汇，严格、精准地依照唐代建筑风格，将大唐文化的遗传信息融入仿建、新建过程中，呈现在世人面前。其外观造型、比例关系、色彩配置以及环境的呼应等方面，可以全面、准确、充分地反映出西安古代建筑元素，起到了承上启下的重要作用，这都和虚拟仿真技术的应用分不开。

1.9.9 虚拟仿真在影视、游戏、动漫领域的应用

虚拟仿真在游戏、动漫领域已经形成了一个庞大的产业，虚拟现实技术和计算机电影合成技术结合，在电影动画产业中不断刷新票房新高。各种题材的3D电影层出不穷，创造了动态视觉艺术的新境界，极大地丰富了电影文化市场，成为人们精神文化生活中不可或缺的组成部分。3D电影动画人物角色模型如图1-41和图1-42所示。

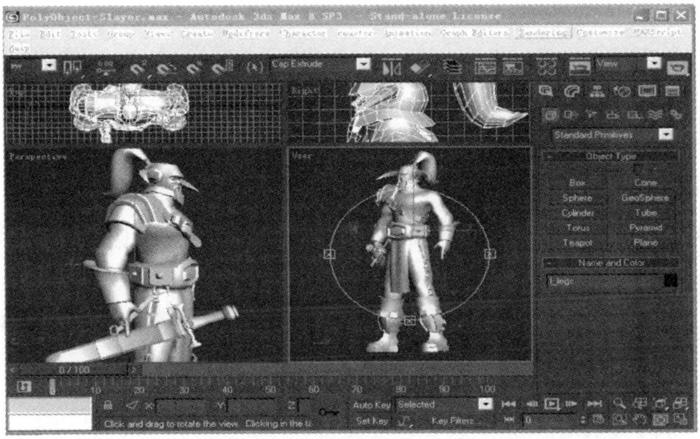

图1-41 3D电影角色动画人物模型(一)

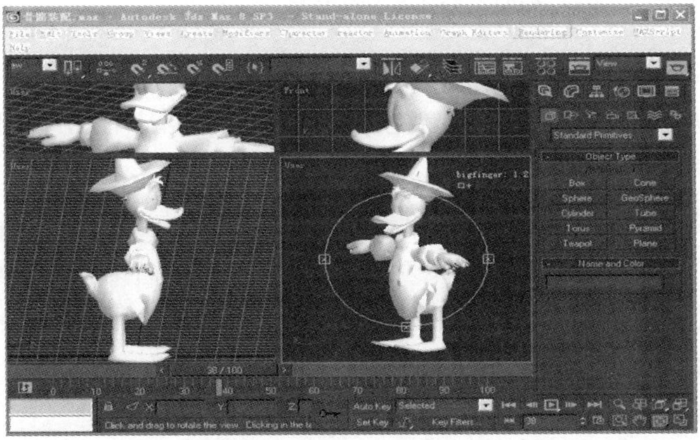

图1-42 3D电影角色动画动物模型(二)

第二章　信息传播方式演变与发展的历史启示

虚拟现实图书馆作为一种文化信息传播的载体，有着自身发展演化的进程。研究虚拟现实图书馆自然得从人类文化信息发展演化的进程开始，从中理出虚拟现实图书馆传播现象的脉络。

2.1　虚拟现实图书馆的定义

在图书馆学界专家北京大学教授吴慰慈 2008 年编著的《图书馆学概论》中，对虚拟现实图书馆的定义是，虚拟现实图书馆(Virtual Reality Library)“汇集了计算机图形学、计算机仿真技术、多媒体技术、人工智能、人机接口技术、传感器技术、高度并行的实时计算机技术和行为学研究等多项关键技术，它是以计算机为核心，综合使用了各种最新技术，融合视、听、触觉为一体的模仿现实的三维空间再现技术。”

上述定义对虚拟现实图书馆的界定包括三层含义：一是虚拟现实图书馆是一门综合性技术，它集成了多学科的技术与研究成果；二是虚拟现实图书馆是以计算机技术为基本平台展开工作的技术；三是虚拟现实图书馆是以多维空间全方位多感知为特点的，也称之为 6 度空间人机互动性的计算机操作性技术应用。

虚拟现实图书馆集成了多学科的技术与研究成果，读者、访问者作为主体可通过采用计算机虚拟现实技术对图书馆进行访问、浏览、漫游、检索、典藏、发布等活动。充分利用数字化信息和网络技术对超时空的模拟场景实施控制，人即是这种超时空环境的智能化主体。从信息传播学的角度看，应用了虚拟现实技术的图书馆，是一种高级的智能感知传感信息的方式，这是传统意义上的图书馆无法做到的。

迄今为止，世间一切事物发展皆走过从低级到高级发展的历程。虚拟图书馆数字化信息的媒介方式和信息传播机制以及人类记忆信息方式，是一种高级的感知和传播信息的方式。和事物发展的一般规律一样。图书馆信息传播体系作为人类传播和记忆信息机制，经历了一个由低级到高级的渐变发展过程。虚拟现实图书馆是数字化图书馆的衍生，数字化图书馆又是基于网络技术生长发展的。在数字化图书馆出现之前，还曾出现过电子图书馆的概念，而后才渐渐发展到数字图书馆。数字化图书馆的出现使虚拟图书馆有了信息资源库，虚拟图书馆的出现使数字化资源具备了远程分布式资源共享的平台。没有早期的电子图书馆也就没有后来的数字化图书馆、虚拟图书馆以及虚拟现实图书馆。它们之间的重要信息在“亲情血缘”联系中发展，在发展中继承，世间一切事物发展的一般规律皆是如此。

1. 虚拟现实图书馆的现状

开启中国国家图书馆官方网站主页，自动安装 Quest 3D player required 播放器插件，点击虚拟现实图书馆“新馆漫步”动态图形导航专区按钮，展现在访问者眼前的是用三维虚拟仿真技术 VR 制作的国家虚拟现实图书馆新馆。读者进入上万平方米的场馆内部场景，如身临其境，漫步其中。用鼠标操作可以模拟读者双眼上、下、左、右、抬头、低头视觉观看时的视角变动；用键盘的左右键操作可以控制访问者行走时的方位变动。通过这种自主操控，映入读者眼帘的是一幕幕严格按 1∶1 比例模拟制作的国家图书馆新馆建筑模型空间，使人如身临其境般地沉浸在虚拟现实图书馆的 6 度空间里，随心所欲地漫步在大厅、电梯、走廊、书库、阅览区、书桌旁、书架前……虚拟现实国家图书馆新馆还可以选择点击分层选项按钮，随意选择在整个建筑的各楼层上下、进出、自由漫游。世界仿佛变小了，人与图书馆的距离显得越来越近了。这就是用计算机技术、三维动画软件与虚拟仿真软件合成的虚拟现实图书馆，是三维虚拟仿真技术 VR 在图书馆领域的首度精彩登场。与虚拟现实图书馆“新馆漫步”系统配套的还有大屏幕实时交互系统和读者阅读器系统，这些都给读者的阅读、学习带来了很大的方便。人们通过远程网络技术进入到数字化的信息宝库，逼真的虚拟仿真技术为读者提供了新的现场感知；信息与计算机技术为图书馆事业开启了新的一页；人们看到的是科学技术为人类的丰富智慧，神奇的想象力、模仿力和创造力插上了翅膀，并从中领悟到了我国著名科学家钱学森院士译之为“灵境”(虚拟现实)的深刻内涵。

中国国家图书馆于2008年9月建立了国内最大的、在世界上处于领先水平的虚拟现实图书馆。采用了7 m长,3 m高的大型投影无缝链接触发式屏幕技术(见图2-1),实现了按照人的阅览习惯,身临其境般地漫游场景,与之配套的读者阅览器可以阅览、检索书籍。“虚拟现实漫游”及“虚拟现实阅读站”得到了国内外所有来宾的盛赞与肯定。8×10^4 m^2 的国家图书馆,用虚拟现实漫游一圈只需20 min,一切似乎都触手可及。类似规模的图书馆在世界上还有英国大英图书馆等。国家图书馆二期新馆的3D场景已通过3D建模与Web虚拟现实技术的结合,呈现在全世界网络用户的面前。这标志着我国开始在图书馆领域发展虚拟仿真技术,与时俱进地跟随世界先进技术的步伐,使我国图书馆事业的发展与科技进步同步前行,反映出社会信息文明发展进步的需求。

图2-1 中国国家图书馆虚拟现实大屏幕投影

2. 虚拟图书在国内的应用

虚拟图书是一本翻开的虚拟图书模型,当观众伸手做出翻书的动作时,这本虚拟图书可以翻页,展示栩栩如生的动态画面并伴有音效。展商可以根据资料内容选配适宜的音乐,虚拟技术使读者对图书的内容产生阅读兴趣。虚拟图书已经投入商业运作,如图2-2所示。

图 2-2　虚拟图书

3. 虚拟图书在国外的应用

有资料显示 2008 年 6 月 16 日，加拿大人 Chris Thiessen 创建的网上书店启发了哈德兹菲尔德(Huddersfield)大学的虚拟图书馆研究，该图书馆研究人员把网上书店这一思维引申到公共目录查询系统 OPAC 中，成功试验并运行了封面浏览虚拟书架查询系统。具体方法是由馆藏新建一个索引，得到按 DDC 分类号排序的一串书目记录号，并与封面图片结合，在此基础上做成虚拟书架。在标志有索引书号的图书馆布局图上，点击感兴趣的书架，逐本浏览架上的图书，看到感兴趣的可以取下来阅读，继续点击详细信息按钮，想借的话先办保留，如果被借出了可办预约。与大多数图书馆目前采用的采访、编目、流通、借还系统一样，系统可以在普通的计算机上运行。

2.2　信息资源传播方式原始形态的回顾

人类信息交流的形式主要有两种，即直接交流和间接交流。直接交流是指人与人通过直接接触而产生的信息交流方式；间接交流是指人们通过抽象思维，借助辅助工具间接接触对象所产生的信息交流方式。动物以非抽象思维的直接交流为主，人类则以抽象思维的间接交流为主。

从物种各自发布、传播和接受信息的方式考察。昆虫之间用触角传感，鸟类用啼鸣，海豚用声呐，蝙蝠用翅膀超声波频率振荡，爬行动物用体温感知，犬类用嗅觉识别，等等。这些都是遗传基因作用下进化来的物种本能，是生物适应与自然的进化功能。而高智商的人类与之不同之处在于人类社会进步发展的历史长河中，通过智慧、记忆、思考、分析、总结、归纳、发明、创造等抽象思维方法直接或间接地接受与传播信息，适应和改造着主、客观信息世界。为此，人类从来没有停止过为生存而学习、探寻、开发、研究，如仿生、模拟就是抽象思维的结果。通过抽象思维思考，才能集合人类生活、生产中产生的共同成果及发明创造，改变与世界交流信息的方式方法，提高感知世界的能力。这是人类与自然界其他物种最本质的区别。

从记载方式(载体)方面考察。人类使用过结绳记事、刻木记事，还用过沙滩绘图传信；有中国的活字印刷，也有公元前7世纪亚述巴尼拨国王皇宫图书馆的泥版文书；从使用甲骨文、龟甲、石刻、纸莎草、贝叶的原始时代到使用磁盘、U盘、移动硬盘的信息时代；从竹简刻字、手工抄写文献发展到了机械印刷、激光排版印刷；从纸张保持记忆发展到从胶片、磁带、扫描、微缩、复印到软盘、硬盘、光盘、电脑存盘、服务器存储等方法，这些都反映出人类掌握信息载体和信息资源能力的进化、进程、进步中的努力。

再从传播方式考察。从消息树、鸡毛信、烽火台、策马传书、击鼓传令、信函邮件到有线电、无线电通信(长波、中波、短波、微波接力通信)、电子邮件；从工业文明时代的旗语、光语、摩尔斯脉冲电码、巨型射电望远镜到电话拨号网络传递、电缆宽带网络传递、光纤宽带网络传递；海底电缆通信到卫星通信、宇宙飞船遥控遥测远程通信；等等。人类能够模拟飞禽去造飞机，模拟鱼类去造潜艇，不断创新，无所不及。直至今天的虚拟载体信息资源传播方式，将伴随着人类步入信息文明的时代前行，永无终止。观沧海桑田间，人类模拟集成了自然界能够发现的声、光、电、波(磁)等一切物理现象之功能，创造出一个又一个信息传播、交流的崭新方式，这都说明了人类不断发展探索科学的脚步不会有一刻的停歇。今天研究出计算机技术虚拟现实的传递信息方式，以后还会发现并研究出其他更先进的传递信息文明的方式(见表2-1)。

表 2-1　信息方式一览表

	声	光	电	波(磁)
原始方式	击鼓传令	烽火台		
近代方式	有线广播	光语	电话	摩尔斯脉冲电码
现代方式	声呐	光纤宽带网络	电子邮件	微波接力通信

2.2.1　人类传播信息手段和方法的演变

从进化论的理论观点看，数字化的信息传递方式或虚拟信息并不是突然出现的，人类传播与接收信息的方式也存在一个漫长的演变与发展过程。回顾美国人艾尔菲德·维尔 1944 年发明的摩尔斯电码传递信息的方式，就可称之为一种早期的数字化通信形式。当时他正在协助 Samuel Morse 进行摩尔斯电报机的发明（1835 年）。摩尔斯电码中的“点”“画”信号是利用人工电键（后来发展成为机械电键）在相互触及的过程中，“开关”电路通过闭合间隔时间长短产生的不同频率的音频脉冲信号（或光电转换发出的信号）来传递和接受信息。经过事先的编码和后期的解码、接收、破译获取信息内容。比如，A，B，C，D 的摩尔斯电码为 A · —，B— · · · ，C— · — · ，D— · · ，1，2，3，4，5 的摩尔斯电码为 · — ，· · —，· · · —，· · · · —，· · · · · —；经过这样简单的设计就能使全世界大多数语言文种都可以用“点”和“画”为基本电码语言单位的编码编制并互相传递信息与交流。这一种早期的无线电电子化通信就是数字化通信的前身或雏形，它是电子脉冲信号和光电转换技术在通信领域的应用。二战后，这种方式在很多国家军事电台短波通信中仍在沿用。手工电键传输方式称为手工电报，用机械纸带凿孔；利用光电转换原理进行高速机械方式传输的称为电传，它可以是电报机导线里的电子脉冲，也可以是一种机械的或视觉的信号（比如闪光）。

作为一种信息编码标准，摩尔斯电码拥有其他编码方案无法超越的长久的生命。作为国际标准的摩尔斯电码在海事通信中，一直被使用到 1999 年。

在今天，国际摩尔斯电码仍然被使用，这几乎完全成为了业余无线电爱好者的专利。直到 2003 年，国际电信联盟（ITU）管理者还在为世界各地的摩尔斯电码熟练者颁发业余无线电执照。在一些国家,业余无线电的一些波段仍然只为发送摩尔斯电码信号而预留。摩尔斯电码是人类工业文明的时代产物,也是现代数字化信息技术的雏形。摩尔斯电码表见表 2-2。

表 2-2 摩尔斯电码表

字符	电码符号	字符	电码符号	字符	电码符号
A	•—	N	—•	1	•————
B	—•••	O	———	2	••———
C	—•—•	P	•——•	3	•••——
D	—••	Q	——•—	4	••••—
E	•	R	•—•	5	•••••
F	••—•	S	•••	6	—••••
G	——•	T	—	7	——•••
H	••••	U	••—	8	———••
I	••	V	•••—	9	————•
J	•———	W	•——	0	—————
K	—•—	X	—••—	?	••——••
L	•—••	Y	—•——	/	—••—•
M	——	Z	——••	( )	—•——•—
				—	—••••—
				•	•—•—•—

再追溯古代八卦图符号演变的过程。考察推演中,我们还会发现中国古代的阴阳八卦图周边的八组图形,用的也是两个基本图形信息,"长—"和"短-"。古人已经懂得用"长画"与"短画"的反复简单组合的方式来传递某种信息。比如,以"—"为阳,以"-"为阴,八组图形组成的八卦分别表示:乾为天、坤为地、震为雷、巽为风、坎为水、艮为山、离为火、兑为泽,以类万物之情。八卦分据八方,中绘太极之图。《易传》认为八卦主要象征天、地、雷、风、水、山、火、泽 8 种自然现象,并认为"乾"和"坤"两卦在八卦中占有特别重要的地位,是自然界和人类社会一切现象的最初根源。八卦最初是古人记事的符号,它多被

用为风水测量和卜筮符号，是人类早期交流和传递信息的一种方式，遗憾的是它没有直接应用发展在现代信息科技进步上。中国古代八卦图如图 2 - 3 所示。

图 2 - 3　中国古代八卦图

回顾历史，最令人感兴趣的却是古人记事方法与现代人记事方法中那些有趣的相似点。使人得到启发的是一种跨越时空的重复现象，即一种信息循环继承与抽象的现象。从古至今，人类都懂得寻求最简便易懂的符号方式记忆、描述和传达信息。随着生产力水平的发展，记载和传递信息的方法也会呈现出一个从低级到高级演变、发展、提纯的过程。不过，这一演变、发展、提纯的过程已经不是简单的重复，而是一种循环上升的发展进步与升级。我们将八卦图中的长短组合线与摩尔斯电码中的点画线加以比较，可以将这两种方式的历史过程解读为，从二进制数字化的原始启蒙形态到成熟形态所产生的遗传进化过程以及自然演进的必然结果，和事物发展的共同规律一样，是一个从低级到高级的发展演变及相互启发的过程。八卦图中的“长画”与“短画”和摩尔斯电码中的“点”和“画”虽没有什么直接联系，但两者外在表现形式存在着惊人的相似之处，它反映的是人类萌芽时期的传递信息的方式和结果的进化遗传，告诉我们人类始终在总结提炼、提纯简洁有效的传播方式，不同时代的人类会思考很多同样的问题，这是信息的传递与交流的需要，是使人类思维在不断继承延伸中发展的驱动力。

再看摩尔斯电码中的“点”和“画”和计算机二进制语言“0”“1”编码两者的先后出现间隔不过几十年时间，发明者不是直接联系在一起的，但两者却存在着某种内在的信息与逻辑上的递进关系（见表 2 - 3）。人类在发明事物的过程中，不断总结信息传播的方法、方式及途径，并加以对比分析，取其精华，去其糟粕，大胆创新。这一思路与思考的结果从工业革命时代延续到计算机时代，铸就了两种不同的物质文化成果——无线电电报机语言和计算机语言，仿佛是一种相互启发的逻辑关系。

表 2-3 递进关系表

A	八卦图	“长画”与“短画”
B	摩尔斯电码	“点”和“画”
C	计算机二进制语言	“0”“1”

2.2.2 虚拟现实技术到虚拟现实图书馆的延伸

虚拟现实技术已经问世半个多世纪了。1929 年，虚拟现实设备的雏形出现在空军基地的飞行模拟训练设备行列中(LINK)。1960 年，具有虚拟现实思想的装置出现在全景立体电影设备中(SENSORAMA)。1972 年，虚拟现实应用到交互式电子游戏中(Pong)。20 世纪 80 年代，虚拟现实技术和计算机网络联系起来扩展到陆海空三军联合对抗作战演习系统，在军事领域获得成功应用(SimNet)。20 世纪 90 年代，虚拟现实技术在航空航天领域得到广泛的应用。

近 20 年来，伴随着大规模集成电路的问世、网络技术的发展和 3D 技术的日益成熟，高速运行的计算机技术解决了信息传递中的图形图像、视频传输问题，才使虚拟现实技术具备了大容量、高速度、高精度、高仿真的物理基础条件。虚拟现实传递的信息占用计算机物理空间(内存)相对很大，早期的计算机是无法完成的。而现代个人用的计算机，已拥有了海量内存，可以流畅地运行更多复杂的虚拟现实场景。虚拟现实图书馆在这时期的出现是现代信息技术正常发展的必然结果。

当前，发达国家已经把虚拟现实技术广泛应用在交通、建筑、军事、航空、港口、医学、规划、电力、机械、能源、物流、影视等领域，虚拟现实图书馆是虚拟仿真技术成熟并蓬勃发展的必然结果。与之相适应的各种软件平台、各类专业公司、专门的培训机构是社会生产虚拟现实技术通用技术的工厂，虚拟现实图书馆则是这些工厂中的产品之一。

总之,数字化图书馆、虚拟图书馆、虚拟现实图书馆随着网络技术、计算机技术蓬勃兴起而发展起来,使图书馆学的综合性的学科特点更加突出。专家们预见,未来的图书馆将是复合型的图书馆,它的特点一是纸质与数字化的长期并存;二是数字化与网络化的密切融合;三是数字化、网络化与虚拟现实技术的相互依存,而不是相互排斥。数字化图书馆、虚拟图书馆、虚拟现实图书馆就是信息科学技术在图书馆应用后所形成的新形态。引进了虚拟现实技术的中国国家图书馆如图 2-4 所示。

图 2-4 引进了虚拟现实技术的中国国家图书馆

第三章　虚拟现实图书馆的构成

3.1　虚拟现实技术在图书馆中的应用

以中国国家图书馆界面显示为例，目前虚拟现实图书馆表现出的特征还并不代表虚拟现实技术的全部技术特征。这是因为虚拟现实图书馆应用的范围有限，仅表现在场景漫游、投影和手势阅读检索与浏览等一些局部的功能方面。其主要特征：一是现场逼真感，即虚拟仿真技术对真实世界超现实的准确仿真，把读者带进一个与现实无差别的境界；二是身临其境的空间感，因为虚拟现实图书馆是对场景三维空间的虚拟仿真，给读者创建了视觉上和心理上的体验感，使人沉浸于多维度信息空间环境中；三是人机交互响应多种传感的创造感，读者对信息知识的获取是主动的、启发式的和创造性的。这一虚拟现实技术能够引发人们获取信息知识的极大兴趣。

虚拟现实技术在图书馆中的应用包括下述三个方面。

1. 设计、制作电子图文资料

借助虚拟现实技术，图书馆可以将出版社的纸质图书制作成电子图书，也可以将从世界各地采集的第一手资料根据需要制作成各种栏目或专辑。这些产品既可以采取纯文字形式，也可以配以声音或者制成图像供各类用户选用。

2. 远程管理与服务

虚拟现实技术是继现实文本和二维图像相互流通后网络界的第二次革命。网络实现了异地信息的传输，而虚拟现实技术则是利用网络实现三维空间的信息传输。虚拟现实图书馆运用虚拟现实技术可以实现远程管理与远程服务这一特殊功能。图书馆资料的选择、设计、制作情况可随时在网上发布，由不同地区甚至不同国家的专家同行或用户相互磋商，以达到完善，读者对图书馆的要求与意见也可以通过网络传输给管理者，而不受时间和空间的限制。

3.构建虚拟现实环境的图书馆

利用虚拟现实技术,可以构建仿真的图书馆环境,满足图书馆读者在一个类似物理世界图书馆的环境中漫步、查询图书、翻阅图书等梦想。

中国国家图书馆虚拟现实大屏幕如图 3-1 所示。

图 3-1　中国国家图书馆虚拟现实大屏幕

3.2　虚拟现实图书馆的体系核心

虚拟现实图书馆的核心技术体系是指基于三维动画技术系统和虚拟现实技术系统的集成体系。它包括两个大的板块:运用三维影视动画特效软件 3DS MAX 等三维模型制图技术和虚拟现实软件 VR 的模拟仿真技术,在网络化的计算机平台创造出数字化图书馆的馆舍环境模型及实时交互场景与漫游场景,以实现读者对图书文献信息的检索、查询、浏览、阅读。

3.2.1　计算机三维模型创建技术

CG 业界公认的可以创建这一模型的软件有 3DS MAX, MAYA, SOFTIMAGE XSI, Pro/Engineer 等,其中 3DS MAX, MAYA 都是 Autodesk

公司的产品。涉及全部对象场景的建筑结构、机械结构、模型结构等物体细节都需要以 1∶1 的比例精确地创建,甚至包括涉及的物体的内部结构。因此,保证了虚拟环境的逼真性要求。虚拟现实图书馆的核心技术体系中,三维建模是基础性的环节。虚拟现实图书馆场景模型如图 3-2 所示。

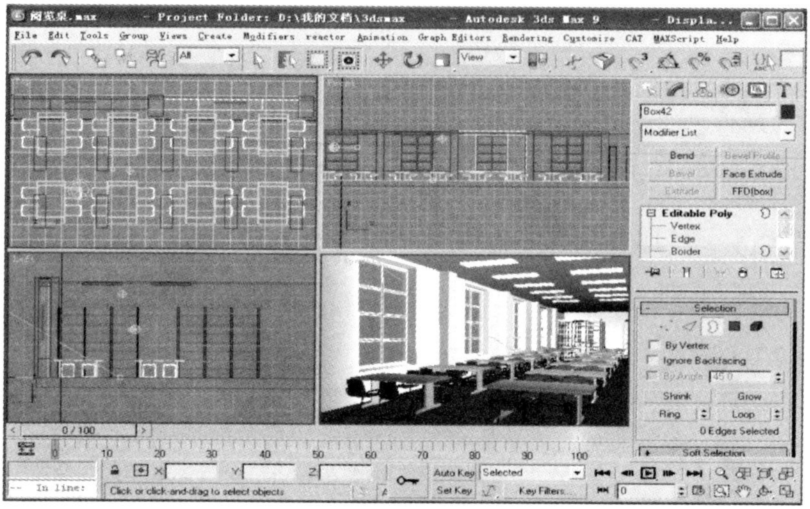

图 3-2 虚拟现实图书馆场景模型

3.2.2 计算机虚拟仿真技术

虚拟现实图书馆的核心技术体系中虚拟现实技术的模拟仿真技术是实时交互响应的关键性环节,动态的人机互动功能取决于虚拟现实技术的应用。比如,虚拟场景中的行走、飞行、漫游、碰撞、重力、水流、天空、光环、迷雾、折射、反射等等,都可以在 VR 软件中设定触发。虚拟现实图书馆的核心技术体系的外围还有辅助性的设备,包括传导系统、接口连接体系、信息集成控制转换体系、播放传递系统,等等。以虚拟仿真软件 VRP 平台为例的系统关系配置图和操作界面如图 3-3 和图 3-4 所示。

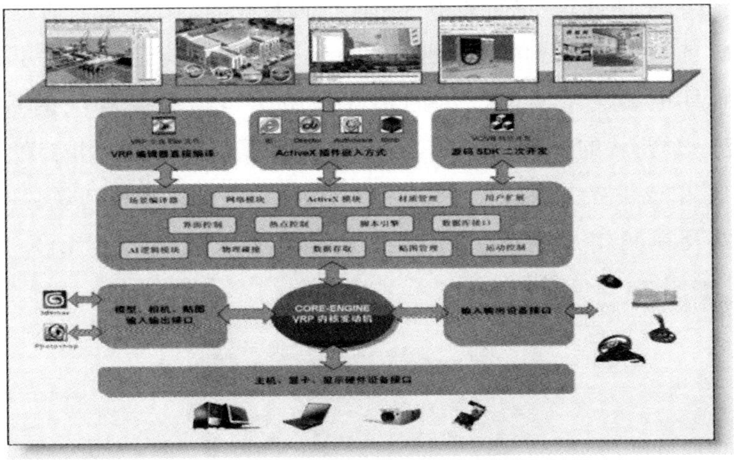

图 3－3　VRP 系统关系配置图

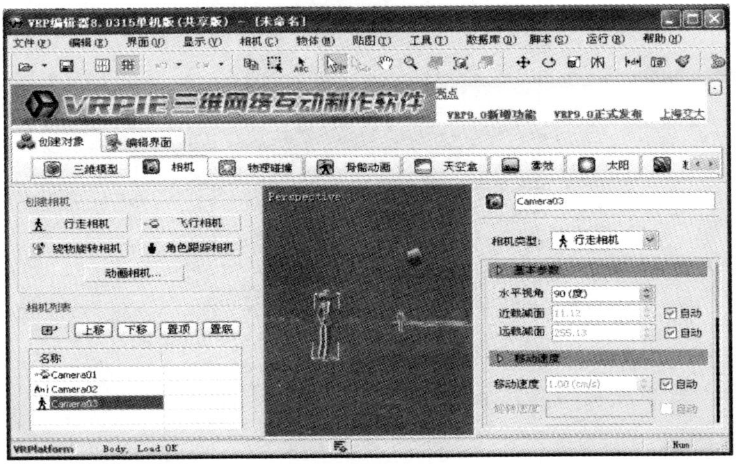

图 3－4　虚拟仿真软件 VRP 平台操作界面

3.2.3　计算机网络技术

构建图书馆场馆环境，实施智能化三维文件交互、进行场馆漫游式的文献信息浏览检索、完成网络传输与链接体系的核心数据语言是虚拟现实建模语言（Virtual Reality Modeling Language，简称 VRML），它是一种描述三维形体和交互环境的文件格式，也可以和 www 一起使用，以实现一个通过全球互联网的 www 的超链接而成的虚拟世界。它不仅提供了构建新一代用户界面的可能性，而且也解决了实时三维图形在网络上传输所要解决的带宽问题。VRML 是一个开放的、可扩展的、工业标准的景象描述语言，用于在互联网上描述三维景象或世界。通过 VRML 和浏览器，用户可以创建和观赏由文字、图像、声音以及视频组成的网上分布式交互三维世界。3DS MAX 自带插件 VRML97 如图 3-5 所示。

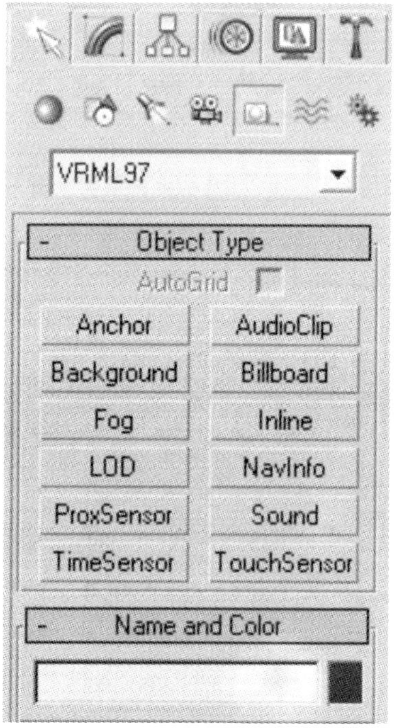

图 3-5　3DS MAX 自带插件 VRML97

3.3　虚拟现实图书馆的基本功能

3DS MAX 可创建图书馆馆舍现场环境模型，反映出虚拟对象的静态特征；将 3DS MAX 创建的图书馆馆舍现场环境模型导入虚拟现实软件 VR，虚拟

现实技术可表现虚拟对象的动态特征。通过 VR 可以对图书馆行业工作原理的流程及思路需求进行程序设计，如浏览视角的设定、漫游路径的设定、环境光影效果的设定、位置的切换变化、场景材质的设定等，如果需要，VR 还可以设定碰撞、伸缩、表面变形等特性。由读者任意操作控制这些场景模型的运行路线，即可应用虚拟现实建模语言提供的称之为三维图形和交互环境的编程文件格式，使图书馆的场馆现场环境按照 6 度空间，360°自由运动，可以使图书馆的真实场景沿着读者所希望的任意一个路径方向移动、旋转、虚拟漫游，即在 X,Y,Z 三个方向移位及物体绕 OX,OY,OZ 轴的角度旋转。中国国家图书馆虚拟现实操作指示界面如图 3－6 所示。

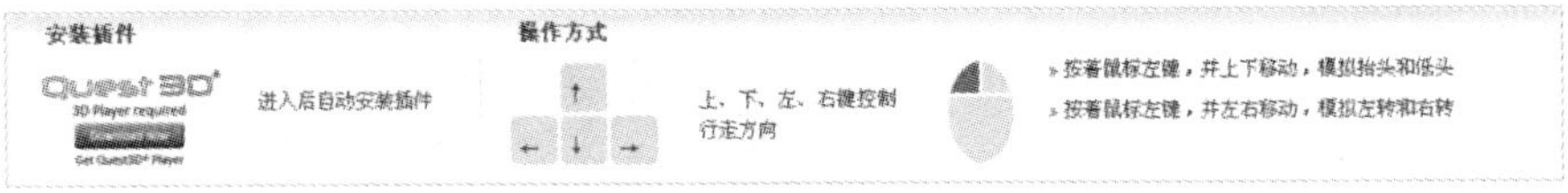

图 3－6　国家图书馆虚拟现实操作指示界面

虚拟现实图书馆属于高级多媒体界面的范畴。VR 还可深层次地设计具有数字化图书馆信息资源的实时交互，任意抵达各楼层场景的导入与场景切换功能，热区响应功能，以及网络信息资源的链接，各种数字化信息资源的索取与传播等功能。中国国家图书馆虚拟现实各楼层场景导入与场景切换如图 3－7～图 3－11 所示。

图 3－7　国家图书馆虚拟现实操作主界面

图 3-8　国家图书馆虚拟现实阅览大厅与书库

图 3-9　国家图书馆虚拟现实期刊阅览区

图 3-10　国家图书馆虚拟现实公共阅览区

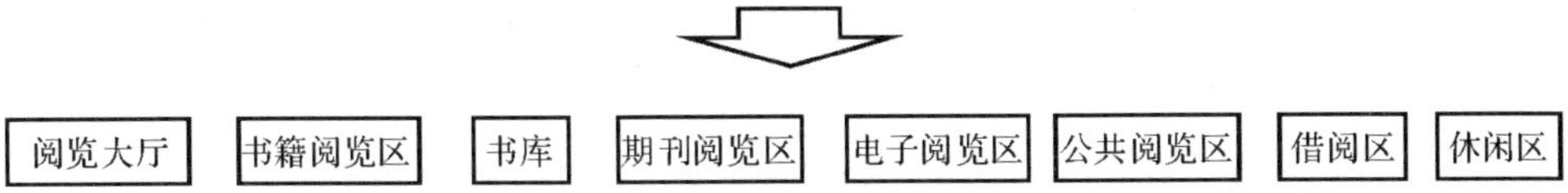

图 3－11　图书馆虚拟现实场景切换操作界面

目前，虚拟现实图书馆处于起步阶段，由于软、硬件的条件限制，虚拟现实技术中的全部功能还没有开发出来用于图书馆，仅局限在场景漫游和手势感应阅读功能方面。诸如虚拟现实特有的触觉、嗅觉、设计等感知在图书馆读者阅读方面尚没有应用，当然有些高端虚拟设计功能对图书馆的客户端客观需要而言并不是必要的配置，因而是否需要全方位的开发值得商榷。

3.4　虚拟现实图书馆的基础软件

虚拟现实图书馆的基础性软件包括三维建模软件，主要有 3DS MAX，MAYA；平面辅助软件主要有 Auto CAD；材质制作软件主要有 Photoshop 等。

3.4.1　基本建模软件

虚拟现实图书馆建模软件首先采用的是美国 Autodesk 公司麾下的 Discreet公司研发的 3D Studio MAX 影视特效动画软件，简称 3DS MAX，是当前世界上主流的三维建模软件。3DS MAX 的设计操作过程是以形象思维为主，应用美学和所设计对象的建筑学专业知识及相关理念与原理进行构思和操作的，并附有尺寸参数的设定与输入功能，以适应建筑学、机械制造、城市规划、角色动画建模等精确设计的需要，其特点是不需要冗长的源代码和函数输入，操作简便。3D Studio MAX 8.0 影视特效动画软件视窗界面如图 3－12 所示。

3.4.2　基础建模软件

同属美国 Autodesk 公司的计算机辅助设计软件 AutoCAD 是三维建模的基础软件。该软件依据物体模型的长、宽、高、半径、直径、边数等基础性数据输入完成建模。通常以二维图纸视窗建模，完成对物体结构尺寸的基本创建后导入到3DS MAX软件去生成三维几何体模型，它是施工设计必备的计算机辅助设计软件。Auto CAD操作视窗界面如图3－13所示。

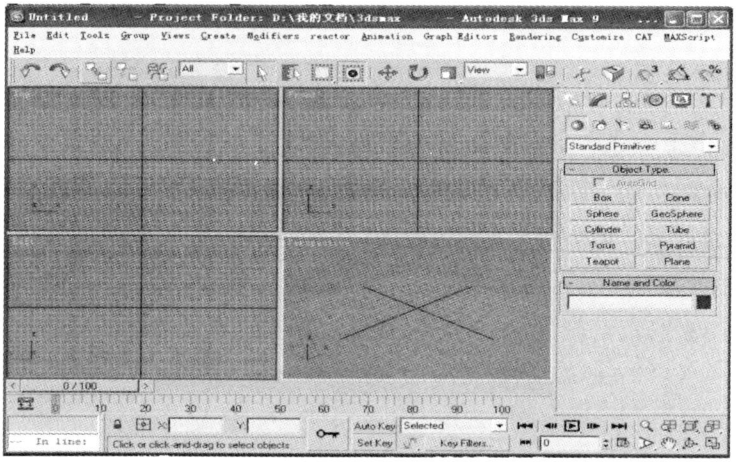

图3－12　3D Studio MAX 8.0影视特效动画软件视窗界面

图3－13　Auto CAD操作视窗界面

3.4.3 虚拟现实软件

虚拟现实软件VR以及其他各领域虚拟现实产品的系列研发是基于

C++程序软件基础上的二次开发软件产品。这些软件可以针对客户端的不同需求层次和业务深度设计研发，产品类型可根据客户端需求量身定做，且类型繁多，应用范围很广。虚拟现实场景软件的开发思路在虚拟现实图书馆、博物馆、展览馆、会展中心、校园漫游等方面的功能是相似的，模块类型和功能构思大同小异，侧重点各有不同。VR视窗界面以VRP共享版平台为例，如图3-14所示。

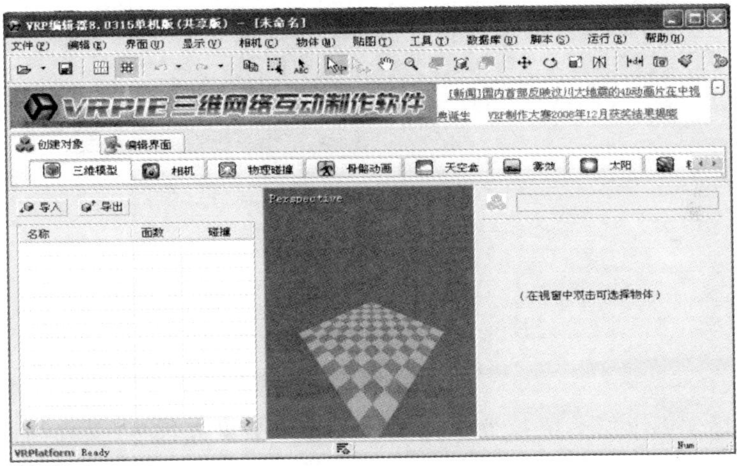

图3-14　VR视窗界面共享版

3.4.4　虚拟现实图片贴图加工软件 Photoshop

虚拟现实图片贴图加工软件 Photoshop，承担着场景模型的标准贴图、展平贴图、烘焙贴图的加工修改整理任务，支持各种图片文件格式。Photoshop软件有丰富的图片编辑、修改和处理功能，图层管理功能，色彩（色彩平衡、亮度对比、饱和度调整、色阶及色相调整）等修改编辑功能，光照和阴影加工功能，模型创建加工功能，它与3DS MAX软件和CAD软件兼容，同步文件信息运行量很大。Photoshop是场景建模、场景最终效果的辅助性工具软件，是与虚拟现实软件配套使用密不可分的。在VRP的制作修改过程中，场景中的赋值材质可以在Photoshop软件界面内同步更改色度、色阶、色相、色彩平衡、饱和度、对比度、亮度等参数指标。Photoshop软件操作界面如图3-15所示。

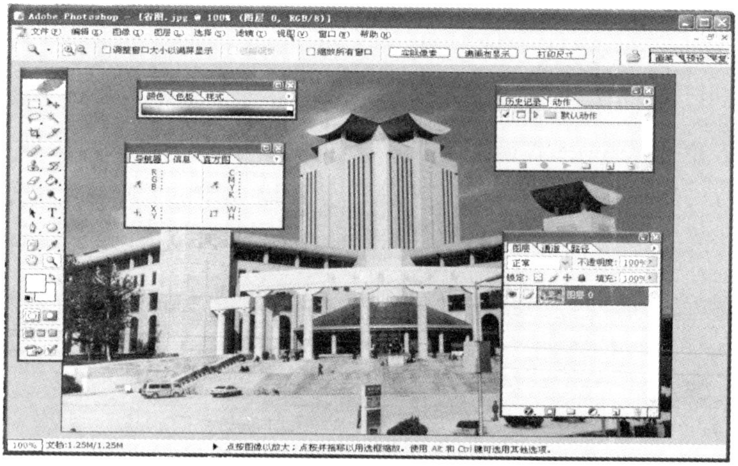

图 3－15　Photoshop 软件操作界面

3.5　虚拟现实图书馆的基本体系

虚拟现实图书馆系统是数字化图书馆的一个组成部分，是虚拟图书馆的延伸。完整的虚拟现实图书馆系统（基于中国国家图书馆）包括了和数字化图书馆管理系统的接口集成对接；系统的技术设备构成包括中央编程控制系统、大屏幕拼接处理系统、读者浏览器系统、音频视频切换系统、电脑信号切换系统、数据库信号输入系统、虚拟现实交互感应系统、多媒体导入导出系统、数字化图书馆系统、虚拟图书馆数据库与接口技术等。它是一个复杂的综合体系，其模型如图 3－16 所示。

1.虚拟场景建模与导入虚拟软件

2.数字化图书馆管理系统的接口

3.中央编程控制系统

4.数据库信号输入系统

5.虚拟现实交互感应系统

图 3－16　虚拟现实图书馆综合体系模型

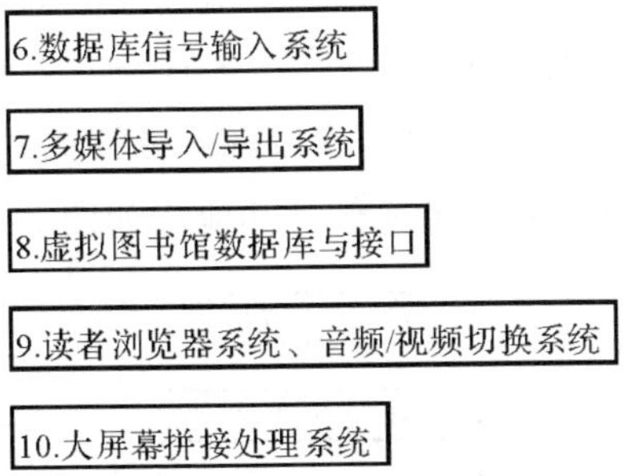

续图 3－16　虚拟现实图书馆综合体系模型

虚拟现实图书馆的基本体系框架图如图 3－17 所示。

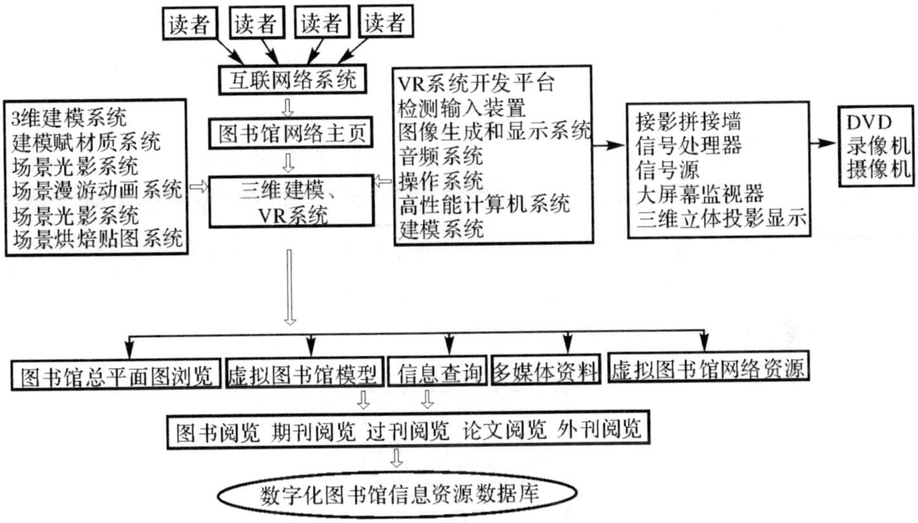

图 3－17　虚拟现实图书馆的基本体系框架图

3.6　虚拟现实图书馆的链接系统

在图书馆数字化管理系统内，虚拟现实图书馆可以建立与数字化图书馆站点内其他子物体层级 3D 空间的超链接，即三维可视化显示的热区响应式链接，又称为超空间的集成链接体系。它可以与公共图书馆联机书目查询服务检索系统(OPAC)串联端口连接,通过图书馆管理系统实现在视频图像模型上形象化地分层点击查询检索。在图书馆系统管理人员后台管理平台 CPS 内,将原数据加工为 PDF 文件格式文档,安装在服务器的视频模板 AVI 图像模板内,即可进行三维空间的超级链接运行。其流程如图 3-18 所示。

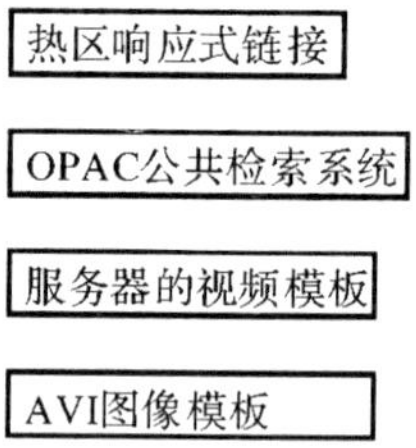

图 3-18　流程图

3.7　虚拟现实图书馆的网络传输

虚拟现实图书馆外在的表现形式是反映在数字化图书馆的网站用户操作界面上的,可以基于分布式网络环境传输发布,可由用户远程操纵控制三维动态图形信息,能够和建立在传统业务模式之上的图书馆 Web 2.0 整合,其流程如图 3-19 所示。在网络环境中运行实现高效、快捷的信息服务,延伸放大了虚拟图书馆的功能。

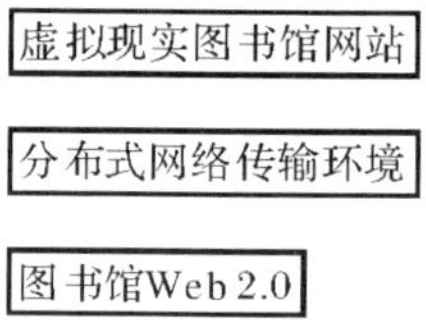

图 3-19　流程图

3.8　虚拟现实图书馆的阅读方式

虚拟现实图书馆能通过显示屏幕在界面上读取图书馆典藏的书目数据资源,也可用读者浏览器系统浏览、查询。不同于传统视窗界面的是能够模拟读者在图书馆浏览书架的习惯,令人有身临其境的沉浸感。在用三维模型仿真模拟的图书馆场景中畅游漫步般地检索、浏览与手势挥动翻页阅读，信息结果可以通过大屏幕或电脑显示器显示。中国国家图书馆读者手势挥动漫游屏幕和读者浏览器如图 3－20 与图 3－21 所示。

图 3－20　中国国家图书馆读者手势挥动漫游屏幕

图 3－21　中国国家图书馆读者浏览器

总之，虚拟现实图书馆是把三维制图建模技术和虚拟现实技术应用于图书馆领域，创建的一种新的、虚拟的图书馆形态。虚拟现实图书馆的本质是一种以人为本的索取和传递图书馆数字化信息的媒介方式。通过虚拟现实图书馆三维动画设计师与虚拟仿真设计师的共同努力，用计算机对复杂数据进行可视化建模与程序控制操作并能实时交互，是一种全新的图书馆浏览检索系统。与传统的人机触摸屏界面以及流行的图书馆多媒体视窗操作界面相比，虚拟现实在操作技术理念上和可视化形态上有了新的飞跃，是 21 世纪图书馆新的形态特征之一，是一种更高级的多媒体形式。

第四章　虚拟现实图书馆体系的相关环节

4.1　虚拟现实图书馆与自动化图书馆

自动化图书馆可分为基本型和自助型两大类。国内大部分图书馆是基本型的，其特征是图书馆的借阅管理服务活动都在馆舍内部实现。近几年，我国引进了国外自助型图书馆，其特征是图书馆的借阅管理服务活动既可以在馆舍内部完成也可以在馆舍外部实现。

4.1.1　自动化图书馆的基本类型

自动化图书馆是指由服务于图书馆的内部网络和服务于社会公众的信息平台组成的自动化管理系统。首先应以计算机为工具、以网络为基础，实现图书馆的信息数字化存储、资源共享、信息交流服务。该系统内容包括图书馆信息管理系统，能联机进行传统型文献的采集与编目，传统型文献的流通与检索，光盘数据库、全文数据库等信息资料的检索与服务；建立有多媒体阅览系统、声像资料阅览室和缩微胶片阅读系统，具有图、文、声并茂的全方位的阅览效果；建立互联网和全文检索中心，实现信息检索的全球漫游等功能。

目前，我国高校多数图书馆基本实现了自动化管理。北京、上海、西安、深圳、杭州等地还装备了自动借还机、自动办证机、24小时自助图书馆等。自动化图书馆如图4－1～图4－3所示。

4.1.2　自助型图书馆(RFID系统)

自助型图书馆RFID是Radio Frequency Identification的简称，即无线射频识别技术装备的图书馆。RFID图书馆智能分拣系统已经在北京、西安、深圳等地的图书馆进入实施阶段，这标志着RFID技术在图书馆领域的应用获得了新的突破。其基本原理是利用射频信号和空间的耦合(电感或电磁耦合)或雷达反射的传输特性,实现对被识别物体的自动识别。

图 4-1　自动化图书馆

图 4-2　自动化图书馆报刊阅读器

一个简单的 RFID 由三部分组成,包括电子标签(Tag)、阅读设备(Reader)和天线(Antenna)。

电子标签:由耦合元件及芯片组成,每个标签具有唯一的电子编码,附着在物体上标识目标对象。电子标签具有体积小、扫描快速、数据容量大、可重复使用、具有穿透性和安全性等优势。

图 4-3　图书馆自动借还机

阅读设备:读取标签信息的设备,有时也可以写入信息到标签,可设计为手持式或固定式。

天线:在标签和读取器间传递无线射频信号。

RFID 是一门综合技术,它需要同计算机技术结合起来,实现不同领域的具体应用。

RFID 系统根据具体应用中频率的不同划分为低频(LF)、高频(HF)、超高频(UHF)和微波几种方式,相对应的使用代表性频率分别为 135 kHz 以下,13.56 MHz,433.92 MHz,860～930 MHz,2.45 GHz 以及 5.8 GHz。

设计图书馆 RIFD 系统时,将 RFID 技术应用与公共目录查询系统 OPAC 图书馆管理系统融合,以帮助图书馆实现读者自助借阅,24 小时读者自助还书，快速馆藏资料清点，图书自动排架、顺架、倒架，以及安全防盗等功能。图书馆 RFID 系统的应用，使图书馆管理员从大量烦琐的工作中解放出来，极大地提升了图书馆现代化管理水平。

24 小时室外自助归还系统设备是一种可对粘贴有 RFID 标签的流通资料进行读取、识别和归还处理的设备系统，用于读者自助式流通资料归还操作。该设备配备有触摸显示屏，提供简单、易操作的人机交流界面、图形界面，能够快速、准确地完成归还工作。

在 RFID 系统的检索程序中，应用了虚拟现实多媒体的操作界面的设计，用三维可视化实时控制的方式让读者检索。检索界面用 3DS MAX 图形绘制软件建模，模拟图书馆实际馆藏仿真布局。读者通过 24 小时室外自助归还系统的触摸显示屏完成借还，如同银行自动存取款机一样的方便。还能够以模拟漫游式的导航方式“进入”图书馆虚拟场景中检索到所需要的书籍，即采用虚拟现实技术实现检索与查询。RFID 系统的 24 小时自助图书馆，RFID 系统的触摸显示屏，RFID 图书馆 24 小时室外自助归还系统如图 4－4～图 4－7 所示。

图 4－4　RFID 图书馆 24 小时室外自助归还系统

图 4-5　RFID 系统的触摸显示屏式自动借还机

图 4-6　RFID 系统的 24 小时自助图书馆

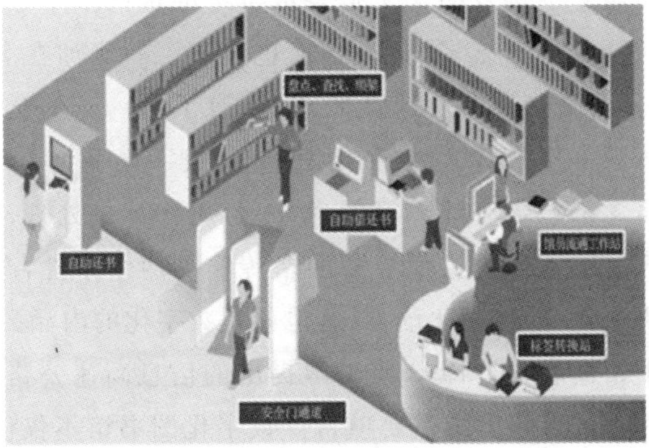

图 4-7　RFID 系统流程图

该系统目前已在北京国家图书馆、陕西省图书馆、深圳图书馆等地运行，是无线射频 RFID 识别技术自动化图书馆形态。该设备通过每本书的信息贴签和每排书架上的信息卡经界面导航控制系统引导，即无线射频 RFID 系统虚拟现实 3D 导航检索界面的引导，读者可以迅速找到所需书籍的准确架位。无线射频 RFID 系统虚拟现实 3D 导航检索界面如图 4-8 所示。

图 4-8　无线射频 RFID 系统检索虚拟现实 3D 导航检索界面

4.2　虚拟现实图书馆与数字化图书馆

虚拟现实图书馆与数字化图书馆(Digital Library)是相互联系的两个不同的概念。“数字”两个字本身的含义是表示事物的量的基本数学概念，但后缀加上“化”字以后便延伸出很多词汇，含义也在变。后缀加在名词或形容词之后构成动词，表示转变成某种性质或状态，即有了“转变”的含义，如数字化通信、数字化电视、数字化图书馆、数字化信息库、数字化平台等。这些现代意义上的“数字化”概念都包含有计算机技术介入，用计算机处理、转变、转换的动词含义。为了满足输入计算机信号和网络传输的两个条件，产生了计算机能够识别的计算机语言，即数字化语言，这也就是数字化的内涵。

数字化图书馆概念，即“1993 年美国提出的信息高速公路计划中，将数字化图书馆规划作为试点建设的重要项目。数字化图书馆不仅仅是数字馆藏及管理工具的集合，而应包括信息、数据和只是在整个创建、发布、利用、存储等生命周期内的所有活动”。吴慰慈、董焱等我国的图书馆学专家将国内外众说纷纭的数字化图书馆定义综合概括为“保存数字格式存储的电子文献并通过计算机和网络传递所藏数字化信息,同时对网上信息进行虚拟连接并提供服务的实体性或虚拟性的信息机构或信息机构群。”

数字化图书馆的本质特点,是以电子文档形式为主体构成的可在网络等虚拟环境下运行的馆藏信息资源,海量的电子文档是数字化的物质基础。从物理学角度看,所谓数字化就是把信息用电磁介质按二进制编码的方法加以储存和处理,把纸质印刷载体信息转化为计算机可以储存和识别处理的信息,即用“0”和“1”两个数字取代传统信息的原本物理形态(主要指纸质印刷品),用计算机把各种不同载体的信息集成或创建并逐一录入库存起来主要应用的技术有高分辨率数字扫描和色彩矫正、光学字符识别(OCR)、信息压缩、信息转化等。换言之,数字化图书馆解决的是纸质信息向电子信息的转化问题以及典藏问题。而虚拟现实图书馆主要解决的是浏览、检索过程中的三维可视化、智能化操作载体问题;在图书馆的采访、分类、编目、典藏、流通等基本工作流程环节中,虚拟现实图书馆起到的是提取信息资源技术手段的作用,是以计算机技术支持的可视化人机互动的并能够实时控制的导航性工具;数字化图书馆是虚拟创建了信息的资源内涵,虚拟现实图书馆虚拟创建了信息资源的外延。数字化图书馆和虚拟现实图书馆之间的关系,应该可以理解为形式和内容的关系,即图书馆存在的形态与图书馆存在的内容之间的关系,是既有联系又有区别的相辅相成、互为依存的具有独立属性的两个不同的概念范畴。

4.2.1　虚拟现实图书馆与虚拟图书馆

虚拟现实图书馆与虚拟图书馆是容易混淆的两个不同的概念。1980 年,英国不列颠图书馆外借部计算机与数据通信工作负责人 A. J. Harley 在伦敦召开的 Aslid/IIS/LA 联席会议上发表的题为《走向虚拟图书馆》的论文中较早提出这一概念。随后,1992 年美国人 Gapen D. Kaye 在一篇论文中将虚拟图书馆定义为“利用电子网络获取信息与知识的一种方式”。虚拟图书馆的基本概念是指图书馆的信息服务范围不局限于本馆的物理实体内的馆藏信息资源,而是通过远程网络通信网链接跨地区、跨国度直至全球的信息资源体系,是网络信息体系构成的逻辑概念上的图书馆馆藏信息资源。

实际上,问题的核心是虚拟图书馆相对于传统图书馆的不同点在于,它没有图书馆的建筑馆舍和传统的纸质馆藏的事实空间和物理现实,所谓虚拟空间事实上指的就是网络环境。虚拟图书馆不需要固定的馆舍,没有纸质印刷型书刊文献资料馆藏;不以实体图书馆舍为服务平台,不以纸质印刷品为载体。即在这个虚拟空间的信息服务是不依赖于馆舍、馆藏和馆员的,而主要依赖网络信息及远程通信技术来获取文献信息资源,也就是说,实质上是一种Internet利用工具所创建的一个虚拟图书馆文献资源库。因此,我们可以将虚拟图书馆解读为依托网络信息资源的图书馆,其本身没有图书馆建筑的物理实体的质量和体量概念,因此也有人称之为"无墙图书馆"。

然而,虚拟现实图书馆对读者提供的是获取信息的可视化、智能化手段与方式、方法,虚拟图书馆为读者提供的是更大范围的远程的网络信息资源相互贯通的路径,即通过国际互联网 Internet 连接、沟通、架构的分布式数字信息资源库。总之,虚拟现实图书馆与虚拟图书馆都是解决读者怎样获取并得到信息资源的途径形式与方式方法。虚拟现实图书馆提供的是以虚拟仿真智能化、可视化、实时交互技术为本质特征的信息资源提取平台;虚拟图书馆提供的是以分布式网络环境为本质特征的信息资源载体。两者是互为依存、相互补充的获取信息的殊途同归的技术方法。虚拟图书馆、数字化图书馆、虚拟现实图书馆关系图如图 4-9 所示。

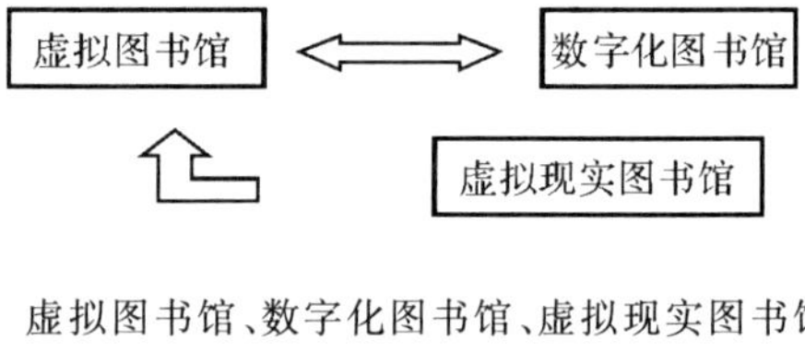

图 4-9 虚拟图书馆、数字化图书馆、虚拟现实图书馆关系图

4.3 虚拟现实图书馆与纸质图书馆

纸质图书馆的原始形态是古代的"藏书楼"。传统信息载体除了纸质书籍、期刊外还包括录音带、录像带、古籍善本、稀世字画、X 光片等。"藏书楼"仅

仅是建筑学概念上的“馆舍”，主要的功能体现在“遮风避雨”方面，以藏为主，和公众见面的概率很低，重藏轻用，强调的是图书馆的典藏与“记忆”功能。现代图书馆的馆舍功能从储藏、流通到发布等基本功能方面得到了质的飞跃，最为突出的是典藏与信息的传播功能得到了重大的提升，强调的是公众阅读获取信息资源的次数和信息在使用过程中的价值增殖。而虚拟现实图书馆的技术形态出现后，更加强调的是被广大读者最有效地利用信息，它充分调动了人机互动、可视化操作中人的主宰作用和兴趣，发掘了人主动思维的潜能，能够充分体现出“以人为本”的理念，旨在提高馆藏信息价值流通率。虚拟现实图书馆、纸质图书馆、虚拟图书馆、数字化图书馆的相互关系如图 4-10 所示。从图中可以反映出读者可从 A,B,C 三个方面获取图书馆文献信息资源，虚拟图书馆和虚拟现实图书馆的出现扩大了图书馆资源的受众面。

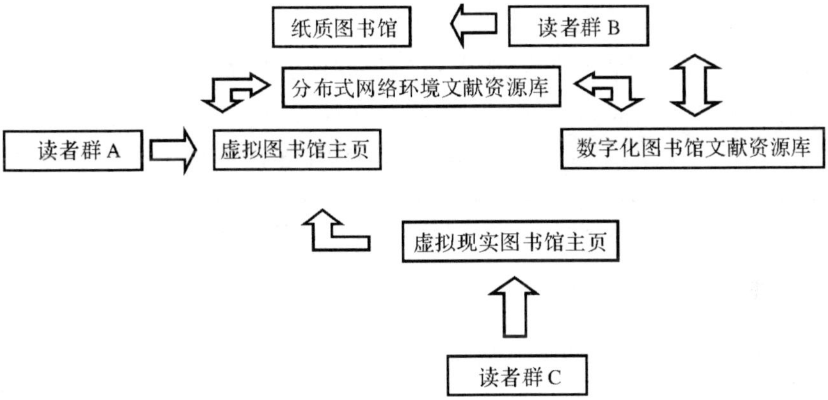

图 4-10　虚拟现实图书馆、纸质图书馆、虚拟图书馆、数字化图书馆相互关系图

4.4　虚拟现实图书馆与复合图书馆

复合图书馆的构成要素，是传统图书馆与数字图书馆构成要素的综合。复合图书馆也称混合图书馆，是传统图书馆与数字图书馆的并存形式，也是从传统图书馆到数字化图书馆的一个过渡阶段。在复合图书馆中，信息资源、信息载体、技术方法、服务规范、服务对象、服务手段、服务设施、服务产品，即由

藏书、读者、人员、建筑、设备、技术方法及管理等要素构成都是综合配置的集成体。复合图书馆在信息技术、数字化技术、网络技术以及虚拟仿真技术构成方面是兼收并蓄的有机整体，是传统模式与现代形式的并存体，是各种技术、各相关学科的兼容优化，也包括了虚拟现实技术在图书馆管理、检索、服务、流通等环节的功能与作用。

“复合图书馆”一词最早由英国图书馆学专家苏顿(S. Stton)于 1996 年提出。他将图书馆分为连续发展的四种形态，即传统图书馆、自动化图书馆、复合图书馆与数字图书馆。他认为在复合图书馆阶段，可以实现传统馆藏与数字馆藏的并存，但两者的平衡越来越倚重数字型，因为用户可以通过图书馆的服务器或网络自由访问跨地域的分布式数字化信息资源。在国内，黄宗忠先生也于同年提出了传统图书馆、自动化图书馆、数字图书馆要共存互补的观点。从这一观点引申理解，虚拟现实图书馆在复合图书馆中的作用应该是指信息载体、技术方法、服务手段、服务设施等方面的集成升级与综合补充，即视为未来复合型图书馆的组成部分。复合图书馆集成表见表 4-1。

表 4-1　复合图书馆集成表

	信息载体	技术方法	服务手段	服务设施
纸质图书馆	纸质印刷品	卡片登录	人工检索	实体馆舍
自动化图书馆	纸质印刷品、光盘	电脑登录打印	办公自动化	实体馆舍
数字图书馆	电子文档	电脑登录打印	微机程序检索	实体馆舍
虚拟图书馆	电子文档	计算机网络	微机程序检索	互联网
虚拟现实图书馆	电子文档	计算机网络	3D 虚拟仿真	互联网

4.5　虚拟现实图书馆与多媒体

多媒体的英文单词是 Multimedia，它由 multi 和 media 两部分组成，一般理解为两种以上多种媒体的综合。所谓多媒体，是指能够同时采集、处理、编辑、存储和展示两个或以上不同类型信息媒体的技术，这些信息媒体包括文字、声音、图形、图像、动画和活动影像等。

媒体(Media)就是人与人之间实现信息交流的中介，简单地说，就是信息的载体，也称为媒介。多媒体就是多重媒体的意思，可以理解为直接作用于人感官的文字、图形、图像、动画、声音和视频等各种媒体的统称，即多种信息载体的表现和传递。

通常所说的“新闻媒体”“第四媒体”“网络媒体”“超媒体”“多媒体”等，这些词汇中媒体一词的所指是不同的。因此，有人对此颇有微词，比如说不应译作“第四媒体”，而应叫“第四传媒”或者“第四媒介”。

媒体广义上指的是能传播文字、声音、图形、图像、动画和电视等多种类型信息的手段、方式或载体，包括电影、电视、CD－ROM (Compact Disc Read-Only Memory)、VCD、DVD(Digital Versatile Disc)、电脑、网络等。

媒体狭义上专指融合两种以上“传播手段、方式或载体”的、人机交互式信息交流和传播的信息，或者说是指在计算机控制下把文字、声音、图形、影像、动画和电视等多种类型的信息，混合在一起交流传播的手段、方式或载体，如多媒体电脑、互联网等。

虚拟现实图书馆与多媒体(Multimedia)的相似之处是都是应用计算机对视频、音频、图像、文字等信息对象进行综合处理。虚拟现实图书馆是多媒体技术发展的更高层次，集中了各种媒体的优点，不同之处是虚拟现实图书馆以三维对象为主，而多媒体则以二维对象为主。POP，Authorware，Flash 等二维软件是多媒体课件的首选软件，都可以设计热区响应、继承链接的功能。未来对多媒体的研究主要有以下几个方面：数据压缩，多媒体信息特性与建模，多媒体信息的组织与管理，多媒体信息表现与交互，多媒体通信与分布处理，多媒体的软、硬件平台，虚拟现实技术，多媒体应用开发，等等。网络和计算机技术相交融的交互式多媒体，是指不仅可以从网络上接受信息、选择信息，还可以发送信息，其信息是以多媒体的形式传输的。图 4－11 所示为陕西省图书馆的报刊阅读器。

图 4－11　陕西省图书馆的报刊阅读器

4.6　虚拟现实图书馆与游戏软件

虚拟现实图书馆与游戏软件采用的都是三维影视动画特效软件 3DS MAX ,MAYA,Flash 导入加载 VR,VRML 虚拟现实软件等来虚拟创建现实世界的,VR 的设计就应用了游戏软件的算法。因此,开启虚拟现实图书馆界面后映入眼帘的场景和三维游戏界面看上去没有太大的区别,但是游戏软件的产品品种与数量、产品内容与设计质量要比虚拟现实图书馆丰富得多。因为三维仿真游戏开发领域已经发展 30 多年了,起步早,1972 年虚拟现实就应用到了交互式电子游戏中(Pong),而虚拟现实图书馆才刚起步,所以三维仿真游戏开发软件与应用走在了图书馆事业的前列。三维仿真游戏软件的开发因其丰厚的回报而得到长足的发展,从这个角度上讲虚拟现实技术已经是相对成熟的。而此项技术在虚拟现实图书馆领域上的应用是滞后的,对图书馆虚拟现实领域的发展非常有益的技术部分尚未得到充分利用。问题根源的分析如下:

(1)虚拟现实图书馆从形式上看和网络游戏区别不大。近些年,网络游戏的蓬勃发展启发了人们对虚拟现实图书馆的联想。图书馆获取知识和信息的社会作用要大于游戏，但事实上其发展速度却远远滞后于网络游戏，其中一个关键的原因是图书馆的公益性特征的制衡。

(2)虚拟现实和网络世界是现实世界的电子版。网络社会是商业化社会的一部分，受着自由资本社会的利益驱动。站在人类社会繁衍发展的角度看，网络社会的商业化是人类对生产资料的不同占有量，是所形成的商品交换价值观的外在表现形式之一。但从经济规律的长远发展看，虚拟现实图书馆的效益周期会慢一些，但却会是一个知识转化为效益的长效机制。

(3)现代科技的强大吸引力。虚拟的网络共享资源功能、游戏软件互动化功能以及智能化设计角色自由设定等功能，是强烈地吸引参与者的主要原因。比如，风靡网络世界的游戏软件 CS，就具有人类行为可能发生的几乎所有功能设计。软件的虚拟仿真水平与现实动态程度相差无几，其可操控性尤为吸引参与者，尤其是格斗搏杀、海空大战、梦幻工场等这些常人无法亲身经历的场面，设计得让游戏者如身临其境。参与者可以随心所欲地担任敌我双方各种不同的角色，自由选择任何一款先进的兵器，在自我控制的虚拟战场中驰骋搏杀，参与者全神贯注，如入无人之境；可单人参与，还可多人参与、远程参与。CS 盛行网络世界，形成了一个以网游爱好者为主体的庞大客户群，激发与刺激了游戏产业的蓬勃发展，形成了现实世界高利润的网络游戏产业链。许多参与者在休闲、娱乐课余生活中，实现了在现实社会中所无法实现的人生目标与诉求，释放了在现实社会中所承受的多方面的负荷压，并满足了好奇心，在心理上极大地满足了每位参与者的不同愿望与奢望。但是，人们不难意识到，获取知识和游戏哪个更重要？只要虚拟现实图书馆的设计理念更加贴近读者、亲近读者，精心设计出适合读者心理需求的检索、导航功能界面，帮助人们实现更多的愿望与理想，可以预见，虚拟现实图书馆同样会具有蓬勃发展的前景。

总结网络世界的游戏长盛不衰的原因，主要有四点：第一，具有智能化、人性化、个性化的可操控性的功能，极大地激发和调动了参与群体的参与意识与潜能。第二，充分享有了数字化网络技术与三维动画技术的最新研发成果，调动了人的主动参与意识。第三，以最大限度地满足人的精神需求为动力的软件设计界面及功能产生了强有力的心理凝聚力。第四，高额利润的商业回报所产生的强大开发力与吸引力。这些现象值得在虚拟现实图书馆的设计思路上参考与借鉴。据 2007—2008 年国家数字出版物年度报告统计，网络游戏的收入高达 105.7 亿元人民币，居数字博客(9.75 亿元)、在线音乐(1.52 亿元)、网络广告(75.65 亿元)、手机出版(1.5 亿元)之首。其中三维影视动画特效软件和虚拟现实软件是功不可没的。总结并吸取这些优点是发展虚拟现实图书馆的关键。

总之，图书馆学是一门研究图书馆事业及其相关因素的学科，是一门综合性的管理型学科，与信息学、情报学、计算机技术网络技术等学科相互兼容、相互交叉。1998 年，原国家教委制定的新的高等院校专业设置目录中，将图书馆学划归管理学科门下，原则上属于社会学范畴。虚拟现实图书馆作为现代意义上的图书馆元素应是数字图书馆体系下的分支。

从图书馆学研究微观对象的角度看，虚拟现实图书馆属于可操作性很强的技术应用；从图书馆学研究宏观对象的角度看，虚拟现实图书馆表现了图书馆未来发展的脉络，是现代化图书馆的组成部分。在图书馆事业中应用虚拟现实技术是对传统图书馆形态的丰富与发展；是数字化图书馆和虚拟图书馆的延伸；虚拟现实图书馆与虚拟图书馆、数字图书馆、电子图书馆、自动化图书馆是同族“血缘关系”，与计算机学、信息学、虚拟仿真学等属于交叉关系。

从我国图书馆学界研究专著已经界定的观点看，虚拟现实图书馆的定义概念已经编入普通高等教育“十一五”国家级规划教材《图书馆学概论》的学术体系之中，详见普通高等教育“十一五”国家级规划教材《图书馆学概论》第三节，作为图书馆学理论体系中的数字化图书馆章节的一部分。

因而，虚拟现实图书馆的发展是数字化技术发展延伸的自然成果，将成熟的虚拟现实技术应用于虚拟现实图书馆事业，是图书馆理论与实践工作的深入，为图书馆学理论提供了崭新的研究视角和研究方向，为丰富图书馆学的概念体系与结构体系注入了新的科学内涵，有利于整个图书馆事业的繁荣与发展。

第五章　虚拟现实图书馆的作用、特征、意义与价值

5.1　虚拟现实图书馆是计算机与网络技术飞速发展的结果

1965年,美国戈登·莫尔提出了莫尔定律,即计算机芯片的处理能力每18～24个月会成倍地增长的定律。基于计算机技术、网络技术应用于图书馆信息的采选收集、整理典藏、传递传播各个环节,因此仅仅几十年光阴,纸质时代就进入到了电子时代、数字化时代。读者不必再亲自去图书馆了,国际互联网帮助人们可以抵达全球任何一个图书馆网络站点;也不用再为检索某一个信息而深钻故纸堆或去翻卡片了。打开电脑,使用鼠标点击百度、谷歌(Google)等搜索引擎,人们足不出户便知晓天下事,闭门造车也已不是天方夜谭了。

网络宽带从最初的56 kB/s,提升到今天的1 024 GB/s,只用了二十几年,传输内容的方式从文字信息再到图片信息,从图片信息再到视频图像信息。10年前,网络传输一张单帧JPEG格式的图片需要几个小时,而现在下载一部电影也只需"弹指一挥间"。在具备了高速传输功能的网络平台上,国家图书馆运行的"新馆漫步"栏目是网络技术的自然延展,只是在信息高速公路上添加了一组新的用户群罢了。因为能够流畅、快速地传播视频信号的网络必然能够顺利地传播虚拟现实场景信息,两者运行的是网络播放器兼容的相同格式。

5.2　虚拟现实图书馆是数字化信息传输导航的方法

近十几年来,中国、美国、英国、德国、日本、新加坡、韩国等国家均投入数

百万乃至数千万巨资建立了本国的数字化图书馆信息资源体系。对这些花巨资建立的数字化信息资源如何加以有效地利用，是至关重要的长期性任务。使用“新馆漫步”，读者可以更多地采用视觉接收的方式提高收集图书信息资料的兴趣，把枯燥的查询变成了一种有乐趣的游戏。对图书馆信息产品的外包装，能够将更多的读者的目光通过视觉方式吸引到图书馆来。对生理学和心理学的研究都表明，人类视觉接收到的动态图像信息要多于视觉文字信息，因此现代大多数人看电视和看电影的时间远远多于看图书、期刊的时间；动态的信息更容易吸引观众的眼球，通过视频信号接收到的信息多于通过阅读文字接收到的信息，视频广告的效益要高于文字广告的效益。因此，虚拟现实图书馆“新馆漫步”系统的问世提供了图书馆可视化传播信息的新的方式，能够提高和促进数字化信息的传播效率。中国国家图书馆建立的这套虚拟现实图书馆系统除了“新馆漫步”系统之外，还针对现场访问的读者提供了大屏幕实时控制系统和读者阅读器系统，这都是为了充分开发人们对图像视觉的敏感度和效率，最大限度地激发人们接收信息的感知潜能，是十分有价值的研发。

5.3 虚拟现实图书馆是虚拟仿真技术在图书馆事业中的应用

中国国家图书馆虚拟现实图书馆“新馆漫步”系统以及大屏幕实时控制系统与读者阅读器系统引进了美国群硕软件公司提供的设计，适应新馆现代化、数字化场馆水准。虚拟仿真技术在中国国家图书馆的应用，是在中国图书馆领域的首次应用，将可能起到引领全局的龙头作用，不远的将来，在中国经济较为发达的沿海和其他开放城市将会很快地得到广泛应用。在近期的网络检索中发现，许多城市有很多设计虚拟仿真的公司网站广泛地开展业务推广宣传；学习和培训虚拟仿真软件的机构通过网站频繁发布招生和招聘的信息；针对多种层次需求量身定制虚拟现实软件也层出不穷。可以看到，虚拟现实技术已涉足场馆制作业务，精美的设计、智能化的实时操作、日臻完美的设计方案应有尽有。

5.4　虚拟现实图书馆是未来复合型图书馆的组成部分

业界较为认同的观点是，未来图书馆的形态，既不是孤立地传统纸质图书馆“一枝独秀”，也不是数字化图书馆的“改朝换代”，而是纸质图书馆与数字化图书馆的结缘；是纸质信息、电子信息、数字信息、网络载体信息、虚拟信息、虚拟现实信息体系的“合家欢聚”“几世同堂”的局面。在这个“大家庭”中，虚拟现实技术是承上启下，链接数字化信息的可视化的互动性的接口与导航器，因此，也应作为现代化、复合型图书馆建设的一个重要评价标志性、技术性指标以及深层次服务内容。

5.5　虚拟现实图书馆对图书馆学科地位的影响

进入21世纪以来，图书馆学研究进入新高潮。在继承以往研究理论与方法的基础上，随着科技信息技术的发展、信息环境的变化以及交叉学科的出现，图书馆学呈现了新的研究趋势，图书馆学研究方法和手段随之提升，形成了一个多层次、多领域、全方位的研究格局。业界学者也有人认为图书馆学不是“纯”科学，而是一门应用科学，还有学者认为图书馆学是一个包含各种学科的“大口袋”。

虚拟现实图书馆突出反映了计算机技术与数字化技术的相互交叉、融汇的中介性属性的特点，综合、融汇了计算机技术、虚拟技术、影视特效、网络技术、图书馆信息管理、数据库应用、图书馆建筑等技术。计算机技术、网络技术、虚拟仿真技术作为图书馆事业的相关因素，都渗透在图书馆建设中，就好像建筑学要应用力学理论、数学理论、美学理论一样，这些理论对建筑学的渗透，不能使人们否认建筑学的学科地位。在图书馆学的学科体系中，建筑与设备作为图书馆的物质条件存在，是图书馆构成五项要素（①文献信息资源；②用户；③工作人员；④技术方法；⑤建筑与设备）之一。从图书馆建筑角度看，研究实体图书馆建筑就不可能不研究虚拟现实图书馆场景的存在与作用，虚拟现实图书馆建筑资源信息同样是图书馆资源体系中的一部分，它同样具有与图书馆实体建筑所包含的建筑语汇、建筑美字、建筑结构、建筑文化等一样的信息资源价值。虚拟现实图书馆中的三维计算机建模技术和计算机虚拟仿真技术在技术上、艺术上进一步支持了图书馆学的存在。这一现象印证了图书馆学本身就是一门综合性、应用性很强的社会学学科定义。

5.6 虚拟现实图书馆的信息传播优势

从本质上讲，虚拟现实图书馆给人们提供的信息与纸质图书馆和虚拟图书馆一样，都是信息化知识，都是为读者传播信息而服务的。不同的是传播形式具有虚拟与现实之分，虚拟现实图书馆相对实体图书馆有以下优势。

1. 远程传输信息

虚拟现实图书馆本质上是数字化信息，技术上集成了网络技术和数字文化技术，它是基于信息化高速公路平台运行的信息流，可以在宽带承载的容量速率内抵达世界任何角落。从视觉传播学理论的角度和人体功能学的角度看，虚拟现实图书馆机制符合人的行为习惯和思维习惯，具有较高的视觉传播感知度与敏感度。

2. 无障碍模拟设计空间

实体建筑要受到地形地物、空域水域、历史文化、地质结构、文物景观、材料材质等客观实际条件的限制，而虚拟现实图书馆技术是运用计算机三维制图建模语言创造的虚拟场景，为设计师提供了一个任何客观条件对它都没有制约性的虚拟设计空间，使得任何结构的造型和美学流派与任何建筑语汇与设计方案都成为“没有做不到的只有想不到”的事情了。

3. 无规模的局限性

虚拟现实图书馆仿真技术小到一室一户、一书一架，大到城市总体规划，对计算机内存、硬件的要求仅仅是分配占用内存空间的多少而已。现代计算机发展水平已经具备了更大的硬盘空间储存运行能力，因此，中国国家图书馆新馆 $8\times10^4\ m^2$ 的场景漫游信息，在普通台式电脑上也可以运用。

4. 可集成虚拟的建筑数据库

运用三维计算机建模技术，可以十分方便地将全国乃至全球所有的图书馆建筑信息或者最具代表性的优秀图书馆建筑造型信息，逐一制作并集成为行业化专用的数字化数据库，如同规划部门使用的数字化电子规划地图一样方便，可以让每位读者足不出户即可获得这个数据库中所有感兴趣的地理信息。比如交通组织、外观风格、文化内涵、设计观念、功能分区、结构造型等人文信息，对建筑学专业、图书馆管理工作、图书馆馆舍建设方案的规划比较、图书馆建筑设计方案的优选均具有应用价值与情报借鉴作用。

5. 从复合型图书馆发展理论的角度看

虚拟资源和现实资源是相辅相成的互补关系。虚拟现实图书馆本身承载的信息和纸质资源、电子资源、数字化资源一样，都应是图书馆馆藏资源的组成部分。

5.7 虚拟现实图书馆的特征

从本质上来说，虚拟现实图书馆的特征就是桌面型虚拟现实系统利用个人计算机和低级工作站进行仿真。虚拟现实图书馆将计算机的屏幕作为用户观察虚拟场景对象的窗口，参与者通过鼠标、键盘等输入设备实现与虚拟场景充分交互，操作其中虚拟物体，满足自身需求。常见的桌面型虚拟现实有基于VRML（虚拟现实建模语言）的虚拟现实、基于静态图像的虚拟现实QuickTime VR、桌面三维虚拟现实、VRP、MUD等。

虚拟仿真软件通过同时给用户提供诸如视觉、听觉、触觉等各种直观而又自然的实时感知交互手段，建立图书馆建筑模型数据库，最大限度地方便用户的操作。根据虚拟现实技术所应用的对象不同，其作用可表现为不同的形式，例如将某种概念设计或构思可视化和可操作化，实现逼真的遥控现场效果，达到任意复杂环境下的廉价模拟展示、模拟训练等目的。该技术的主要特征有以下几方面：

1. 多感知性

虚拟现实技术中所谓的多感知是指除了一般计算机技术所具有的视觉感知之外，还具有的听觉感知、力觉感知、触觉感知、运动感知，甚至包括味觉感知、嗅觉感知等。完整的虚拟现实技术应该具有人所具有的全部感知功能。但就图书馆的功能需求来看，主要的突出特点集中在视觉和听觉感知方面。

因为图书文献信息的浏览、检索、查询是图书馆的最基本的功能。比如，图书馆场馆的漫游设计，能设计出用可视化的视觉检索提取信息资源的功能。从图书馆传递文献信息的职能角度看，虚拟现实图书馆在传递文献信息、馆藏信息、网络信息的过程中具有了主动传递与被动传递结合的突出特征，使阅读、浏览智能化了。

2. 沉浸感

沉浸感又称临场感，指用户感到作为主角存在于模拟环境中的真实程度。理想的模拟环境应该使用户难以分辨真假，使用户全身心地投入到计算机创建的三维虚拟环境中，该环境中的一切看上去是真的，听上去是真的，动起来也是真的，如同在现实世界中的感觉一样。如临其境的漫游、仿真效果，这是得益于虚拟现实技术逼真的场景模型创建能力。图书馆建筑建模对三维软件来讲仅仅是普通难度的场景建模技术，对3D建模技术而言是属于虚拟现实技术在建筑领域的应用。

3. 想象性

想象性指虚拟环境是由设计者想象设计出来的，可以以夸大的形式反映设计者的思想，也同样拓展了用户想象力和知识面。虚拟现实技术不仅可以实现现实世界的虚拟再现，还可以创建现实世界不存在的或者是无法实现的虚拟事物，从而拓宽人类的认知范畴。比如，在数字图书馆的文献检索中，地质专业的用户需要了解某地区矿物岩石的特征，检索到一篇矿物岩石结构及构造方面的文献，根据检索的可视化结果，其中所提供的图像接近于自然界的立体矿物或岩石图片，想象到该区天然矿物的形态、颜色、光泽等物理性质，以及该矿物的赋矿围岩的特性，甚至想象到该区的地质构造、地质背景等一些特征，为自身的研究提供了更多的信息参考价值。

4. 交互性

交互性指用户对模拟环境内物体的可操作程度和从环境得到反馈的自然程度(包括实时性)。虚拟现实图书馆引进的交互式功能主要表现在读者阅览器的手势感应上，还表现在虚拟现实实时控制的场景漫游功能上。比如，用户可以用手去直接在阅览屏幕上方挥动翻页阅读；可以在视野中用鼠标上、下、左、右地移动，实现在场景中的漫游行走，抵达场景中设计好的任何一个空间。

场景漫游的流畅度以及范围等场景漫游质量效果取决于 VR 软件对场景模型面数总量的限制。商业性的 VR 软件由于版权和随计算机升级的影响，开发商一般会设计初级、中级、高级的版本的限定，不同的版本的价格定位也相应地有所不同。比如，VRP 虚拟现实软件的版本级别就有共享版、中级版、高级版、企业版之分，详见表 5－1。

表 5－1　VRP 虚拟现实软件的版本级别列表

共享版	≤ 3 万面	简单物品展示、小场景漫游等
中级版	≤ 20 万面	室内设计、虚拟样板间、地板/瓷砖/涂料建材模拟等
高级版	≤ 50 万面	楼盘漫游、古建仿真、电子沙盘、场馆展示等
企业版	面数不限	数字校园、城市规划、交通仿真、地形模拟等

5. 层次性

虚拟现实图书馆在二次文献信息检索方面开发潜力很大。如可以从图书馆场景环境到图书馆导航信息阅读系统，或再从信息阅读区域深入到具体的书库、书架直至到具体的书刊杂志的内容。在虚拟现实图书馆领域，这一功能是一项尚待开发的并在技术理论上允许的功能。因为在虚拟现实的其他领域内，深层次虚拟现实功能已经得到了全面的开发利用，所以只要在图书馆事业不断发展的进程中有所需求，图书馆建设条件是可能迅速得到提升发展和应用的。例如虚拟现实技术在医学临床手术及课堂教学领域的应用；危险行业的设备操作规程预演与应急预案的模拟训练；等等。

6. 可操作性

用户对计算机界面进行简单的操作，并将运动指令通过无线电波、计算机网络等传输媒介传送出去，享受整个过程中身临其境的沉浸感。在一个数字图书馆中漫游、浏览的虚拟现实系统中，用户对漫步、选书及阅读的每一次动作，都会产生一个直接的身体感知反应，漫游的方向、目标，确定要达到的最终目的，这些行为都是大脑直接反应的结果。漫游过程的行为不是跟着感觉走，而是达到与真正的用户借阅感觉完全一致的效果。

7. 时空控制性

随着网络和三维技术的发展，一些采用 Web 3D（网络三维）技术的应用也诞生了，比如“虚拟紫禁城”“虚拟圆明园”“数字敦煌”等，在这些虚拟场景里面，不管何时何地，只要有互联网，都不受时空控制，人们可以穿越时空并实时漫游，体验到像在真正的场景中游览一样，查看周围的环境信息。再者，中国古代藏书楼保存了大量具有历史文化价值的古籍，只有通过 VR 技术，这些古籍才能得到更为广泛的传播和利用，中国的传统文化才能穿越时空，产生更大范围的影响。

第六章　虚拟现实图书馆方案研究与设计构思

2008 年 9 月，中国国家图书馆投巨资建立的大型虚拟现实图书馆首度运行。该系统是由美国群硕软件公司设计建立的，包括虚拟现实开发平台、虚拟现实显示系统、虚拟现实交互系统、虚拟现实集成控制系统等部分。大型虚拟现实图书馆具备虚拟场景漫游体验区和虚拟现实读者阅读站；7 m×3 m 的大型显示屏，有手势控制功能。用虚拟漫游 8×10^4 m^2 场馆只需 20 min，居世界先进水平，标志着当前我国最高规格的图书馆服务水准。从理论上讲，在每一家图书馆都建立这一规模的模式体系，便可以以互联网为桥梁，看到全世界每一个图书馆的模拟现场。但事实上在每一个中小型图书馆都引进、建立这种大规模、高规格的虚拟现实系统显然是不现实的。因为大规模的虚拟现实图书馆的广泛普及是很困难的，一是软件设计复杂、成本很高；二是对硬件条件要求较高；三是配套集成技术设备复杂且昂贵；四是对专业管理人员素质要求较高。这些都是普通图书馆配套条件很难达到的。但是，在中小型图书馆解决虚拟仿真技术在图书馆领域的推广普及问题，实际上有很多变通的方法可循。3DS MAX 作为虚拟仿真 VR 前端首要的设计主流建模软件，其中许多模块也具有虚拟仿真功能和漫游功能。因此，不一定用大型的投影机和大屏幕或是集成控制系统，也可以局部地实现虚拟现实图书馆的一部分功能。

6.1　普通计算机上运行的 VR 系统开发应用

虚拟仿真软件是可以针对不同规模的场景对象量身定做的。有的是基于工作站，而有的是基于计算机平台设计的。基于不同用途和规模的产品种类繁多，比如，3D 地理系统、城市规划仿真技术要求就和某一个建筑单体虚拟仿真的技术要求不同。因此，普通高校图书馆建筑单体场景对虚拟仿真软件也有很多的选择余地，可以限定在图书馆的部分建筑场景内设计应用虚拟仿真，或者分段、局部的小规模地设计场景，避开计算机工作站的投入，这样就有条件在中小型图书馆和普通高校图书馆系统内实现小型化的虚拟仿真技术服务。比如，中视典公司的VRP虚拟仿真软件对普通图书馆具有适用性。通过模拟图书馆小规模场景运行试验，结果表明，中视典等小型VRP虚拟仿真软件对硬件没有过多的要求，高度优化的引擎使其在高端计算机工作站可以运行，在低端的计算机上也可以运行。因为VRP运用了游戏软件的各种优化算法，以提高大规模场景的渲染效率，所以在普通的计算机平台上即可流畅地运行。在CPU占用率上进行了优化，在运行演示时不会导致机器响应缓慢，包括在显卡较好的普通笔记本电脑上可以流畅地运行。因此，可以在中小型图书馆和普通高校图书馆现有检索用的计算机上安装使用。

6.2 3DS MAX内置VRML系统的开发应用

3DS MAX影视特效动画软件本身有内置的虚拟现实建模语言(Virtual Reality Modeling Language)系统，适用于在小型计算机平台运行，可以在计算机或高清屏幕上运行。试验中，在3DS MAX软件的操作界面打开创建对象命令面板的辅助对象"Helpers"下拉列表中，选择VRML-97选项按钮，在弹出的工具菜单中有时间感应器、触动感应器、漫游信息、范围感应器等。这些便是能在三维形体交互环境下运行的虚拟现实功能，在3DS MAX 5.0的版本中早就出现了，在普通计算机上均可以运行。但是，要求在3D建模时，将模型的点数和项数优化，最大限度地降低CPU的占有率，即可流畅地运行、实现场景漫游。因此，它可以在每所图书馆现有检索用的计算机上安装使用，也可以在专用计算机上设置的读者阅读站系统中选用。

6.3 虚拟与现实相结合的封面浏览虚拟书架系统开发应用

2008年6月16日，加拿大人Chris Thiessen创建的网上书店启发了哈德兹菲尔德(Huddersfield)大学的虚拟图书馆研究，该图书馆研究人员把网上书店这一思维引申到公共目录查询系统OPAC中，成功试验并运行了封面浏览虚拟书架查询系统。该方法是由馆藏新建一个索引，得到按DDC分类号排序的一串书目记录号，并与有封面图片结合，在此基础上做成虚拟书架。在标志有索书号的图书馆布局图上，点击读者所需的书架，逐本浏览架上的图书，看到感兴趣的取下来阅读，继续点击详细信息按钮，想借的话先办保留，如果被借出了可办预约，和大多数图书馆目前采用的采访、编目、流通、借还系统一样，可以在普通的计算机上运行。这种虚拟书架在网站页面上的显示是以二维平面形式构成的。如果将这一成果扩大延伸，将显示图书封面的虚拟图书架创建成三维虚拟现实模型，即利用虚拟仿真软件二次开发，比如，选用类似中视典 VRP 这类可在计算机上运行的虚拟仿真软件，继而完成与 OPAC 系统的接口衔接技术的链接集成，便是一个技术含量较高，也比较容易普及的虚拟现实图书馆操作系统了。

6.4 基于网络平台的 Flash 平面虚拟现实系统的开发应用

适用于网络平台远程传递的 Flash 平面软件系统本身的虚拟仿真功能可以用来开发虚拟现实图书馆系统。目前，Flash 平面动画的普及率高于 3D 动画，是因为它占用计算机物理内存相对于 3D 动画少得多，可以在网络条件下流畅地运行外部图像及多媒体超级链接的资源，可以设计出智能化的实时控制，也可以设计出热区响应功能。

此外，平面设计的复杂度要低于 3D 设计，尤其是适合中国画单线平涂构图法的表现。因此，在网络远程教学系统、大学网络教学平台和多媒体教学体系中已经有较高的普及率。Flash 课件结合多媒体在实验室课题应用方面也已经得到充分的应用，是很成熟的应用技术。在此基础上只需集成 VR 虚拟仿真软件的二次实验开发，就可以在虚拟现实图书馆领域构成一个有效的应用体系。另外，众所周知的 Flash 网络游戏中，许多界面是能够实时控制的。Flash 动画不仅能普及到儿童，也可以在成人教育、职业教育领域发挥作用；将这一技术与功能引申、开发应用到虚拟现实图书馆领域，即采用 Flash 动画虚拟检索是水到渠成的，例如深受少儿喜爱的 Flash 动画《密室逃脱》游戏，游戏的寻找钥匙打开密室的过程类似于图书馆检索查询系统。

6.5 3D摄影机漫游系统引入检索界面的开发应用

在图书馆网站页面检索导航系统的界面上，通行的是网页设计软件。点击界面上的链接按钮进入到数据库内，读者从中获取信息资源，数据库资源涵盖二维平面和三维动态的信息。在3DS MAX影视动画特效软件中有内置的摄影机漫游功能，操作简便。在虚拟图书馆现实方案中可以将必要展示的场馆划分成一个一个的单元，采用分段导入式应用。方法是提前设计出图书馆需要漫游的场景路径，在3D软件中运行播放并渲染动画关键帧，分门别类地存入AVI格式，再转换为可在网络环境中运行的Flash格式文件，链接在网页功能键中设定若干个图书馆场景分区，读者可根据需要点击播放按钮，即可实现分区、分段、局部漫游场景。在其他任何地点的电脑上和在馆内主要功能区电脑上同检索机一样的方便。比如，图书馆门禁刷卡出入口引导区，消防通道紧急出口引导图，馆内各层功能分区图引导图，各类馆藏分类标注引导牌，各类书籍、期刊、报刊、光盘架位引导图，等等。相对于虚拟现实技术系统而言，这种方式要简单得多，因此推广普及率较高，同样可以满足读者“身临其境”的感受，最终实现快捷检索的目的。

6.6 自助型图书馆(RFID系统)中的虚拟现实技术检索与查询

如前文所述，在RFID系统的检索程序中可应用虚拟现实的操作界面的设计，用三维可视化实时控制的方式让读者检索。其中包括了检索界面用3DS MAX图形绘制软件建模，模拟图书馆实际馆藏仿真布局；读者通过24小时室外自助归还系统(RFID系统)的触摸显示屏，以模拟漫游式的导航方式“进入”图书馆检索到所需要的书籍，即设计采用虚拟现实技术实现检索与查询；在RFID系统24小时自助图书馆上完成借还。该系统涵盖了RFID技术、3D技术，借阅检索、查询如同银行自动存、取款机一样的方便。

6.7　虚拟现实图书馆的漫游

使用3D软件导入VR软件，在一台内存1 GB的计算机中即可完成虚拟图书馆场景规模的基本操作。按我国高校现有图书馆的硬件规模水平来看，每个图书馆系统在数据库磁盘阵列空间内有足够的物理空间支持创建虚拟图书馆模型。经过格式转换的虚拟现实图书馆“场馆漫游”文件所占用的物理空间和一部网络电影相似，所需要的只是在软件制作方面或者图书馆学科馆员培训方面增加些投入，还可将业务外包给虚拟现实设计制作公司完成，进一步降低费用。在图书馆系统管理人员后台管理平台CPS内，将原数据加工为PDF文件校试文档，安装服务器的视频模板和AVI图像模板，即可运行。占用磁盘阵列空间比例是在可容纳范围内的，即解决好硬件、软件、管理人员等要素，在大多数图书馆系统运行“场馆漫游”方案是可行的，有利于人际交流和馆际交流。

6.8　设想与建议

上述方案的主要技术力量和资金是投入在软件开发利用方面，这些方案避免了计算机工作站、大型屏幕投影和复杂的虚拟现实交互系统以及昂贵的集成配套设备，利用较大的液晶显示器以及用普通的计算机就可实现，用单一的鼠标和键盘完成，不需要复杂的操控系统。这样的方案会使成本大幅度降低，方案的普及率、可行性程度均得到提高。为此，建议如下：

(1)在中小图书馆和高校图书馆及时采用适合本馆特点的虚拟现实新技术方案，提高图书馆内在服务质量。

(2)在观念上与时俱进，确立虚拟现实图书馆技术在图书馆理论和实践工作中的地位。

(3)对图书馆管理人员及时进行虚拟现实新技术方面的在职培训。

(4)谨慎选择大型虚拟现实图书馆投资方案，避免不必要的投资，降低成本。

(5)这些方案也适用于展览馆、博物馆、物流中心、会展中心等其他行业。

如在行业营销领域中,2010 年中国上海世界园艺博览会上,达索公司与法国达成协议,以法国实体馆为场景,开发了形象逼真的 3D 虚拟法国馆,参观者进入虚拟的法国馆中可以随意漫步,通过视觉、触觉、听觉、味觉等多种感官体验虚拟场景中的各种事物带给他们的享受。通过 3D 虚拟互动系统,模拟出高逼真度、强交互性的虚拟场景,所有游客都可享受精彩的 3D 逼真体验,实时交流互动,了解许多国家的环境、人文、科技等信息。

总之,应充分发掘、利用现有的成熟的软件技术成果,在现有馆舍技术设备条件基础上研发适合本馆特点的虚拟现实图书馆体系。

第七章　虚拟现实图书馆的创建原理与流程

7.1　虚拟现实流程模块与原理

建立虚拟现实图书馆主要依托软件是3D图形图像处理软件和虚拟仿真VR编程软件两大部分，这两个部分是虚拟现实图书馆体系的核心部分。3D图形图像处理软件是动态环境建模技术。虚拟环境的建立是VR技术的核心内容，动态环境建模技术的目的是获取实际环境的三维数据，并根据需要建立相应的虚拟环境模型。

外围部分还包括图书馆网站系统、图书馆数字化系统、图书馆数据库系统、虚拟现实集成控制系统、展示系统等。比如，需要设计大屏幕投影系统，还需设置大屏幕拼接处理器、音频视频切换器、电脑信号切换器等设备以及信号输入系统，等等。虚拟现实流程模块见图7－1。

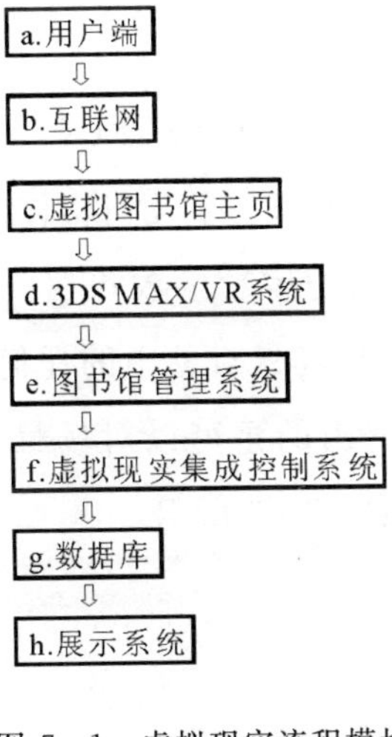

图7－1　虚拟现实流程模块

7.2 核心软件

创建虚拟现实图书馆模型的核心软件是计算机三维绘图软件 3DS MAX。3DS MAX 是 VR 的建模工具,VR 是 3DS MAX 功能的延伸,是 3DS MAX 的三维互动展示平台。两者关系密切,是虚拟现实图书馆制作技术中创建现实环境和实时控制的不可分割的有机整体(见图 7-2)。

计算机辅助设计软件 AUTO CAD 2002 图标按钮

三维影视特效动画特效软件——3DS MAX 9.0 图标按钮

虚拟仿真软件 VRP 8.0 共享版图标按钮

图 7-2

3DS MAX 软件的图形绘制可分为平面(T)、立面(F)、剖面(l)、透视(P)4 个建模绘图区域。完成创建的任何一个几何实体都可以用 6 度空间去观察控制和操作。可以输入场景对象的体量参数和相关的数值,依据场景对象的专业要求精确地创建;能够表现出场景对象中的任何物理属性;还可以模拟场景的阳光与灯光的效果;最为突出的是可以对场景中的对象设计动态的效果。3D 图形建模应用软件界面如图 7-3 所示。

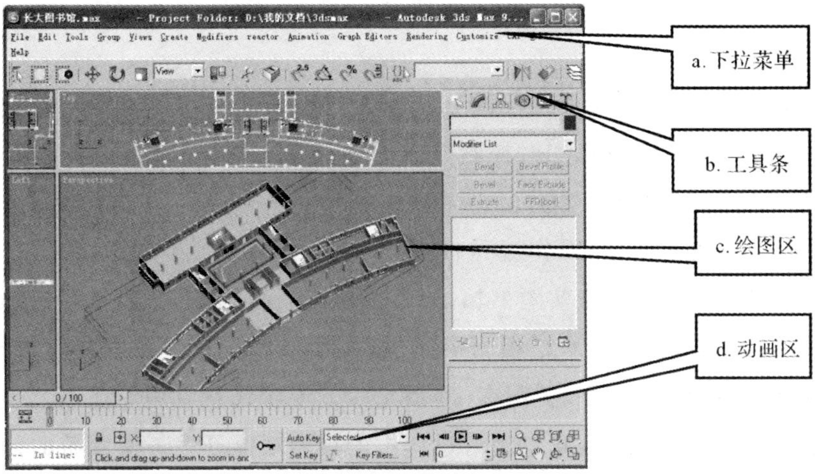

图 7－3　三维影视特效动画软件

7.2.1　用 3DS MAX 创建基本场景

3DS MAX 能快速、准确、高效地构建复杂的三维模型，还可以创建场景动画漫游。3DS MAX 不需要手工编写冗长的程序源代码，而且可以直观地对构造的虚拟世界进行即时修改。创建该模型的软件系统支持绝大多数 3DS MAX 的网格模型、摄像机、灯光体系、贴图和材质库；支持多种全局光渲染器所生成的光照贴图、摄像机动画、骨骼动画、位移动画、刚体动画和变形动画以及支持 3DS MAX 的各种插件。3DS MAX 模拟创建出图书馆的建筑场景，也叫模拟创建图书馆物理场景，这是虚拟现实的基础。

7.2.2　虚拟仿真软件 VR

虚拟现实图书馆除了使访问者、读者可以身临其境、随心所欲地抵达所希望达到的图书馆任何一个空间之外，如可以实时通过屏幕、触摸、点击、手势等操作方式进入到图书馆的检索区、借还书处、阅览处、书库等虚拟现实功能分区，更重要的是还可以经 VR 深度开发、设计出二级扩展数据链接功能，从理论上讲，可以在虚拟现实书架、阅览架、光盘架等虚拟功能模拟区域直接通过视频点击、触摸到具体的书籍或期刊，并可以继续多层次地导入链接到数字化图书馆以及虚拟图书馆检索目录，去索取某一本书、文献、期刊的内容摘要以及全文信息。

实现这一目的，还需要在完成3D建模之后，再把三维图书馆模拟创建的建筑场景文件导入为可以实时控制操作的虚拟现实系统VR中。虚拟仿真软件产品VR是基于C++程序软件基础上的二次开发软件，可以根据用户的具体要求设计编程。比如：操作流程、使用顺序、延伸层次、扩展深度等，都是可以"量身定做"的。虚拟现实图书馆的VR设计编程实际上是建筑场馆的设计编程体系的翻版，编程技术是相当成熟的，民用市场普及率和占有率很高，各种不同针对性的版本很多，美国在20世纪六七十年代就应用于空军。虚拟现实图书馆的中心点是实现场景漫游过程中的检索功能开发。使漫游的最终结果实现检索浏览、索取信息知识，并实现网络化漫游至各个图书馆的虚拟信息资源空间中去，是一项多学科综合应用的集成体系，涵盖了计算机三维动画建模技术、虚拟仿真技术、计算机网络技术、数字化图书馆和虚拟图书馆技术等。3D/VR流程原理示意图如图7-4所示。

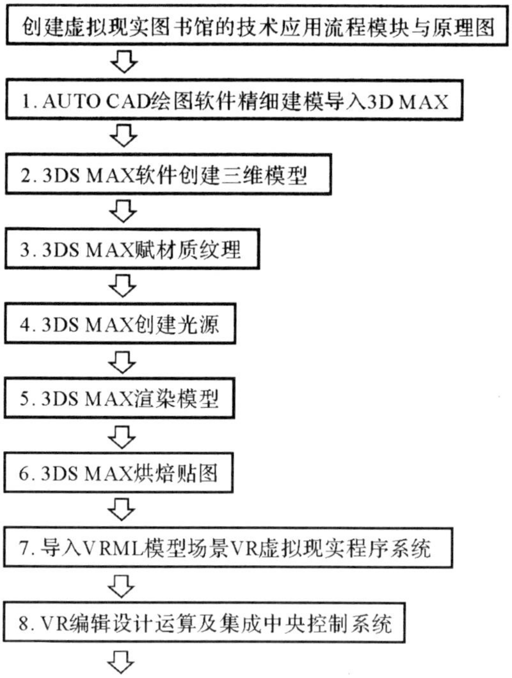

图7-4　流程原理示意图

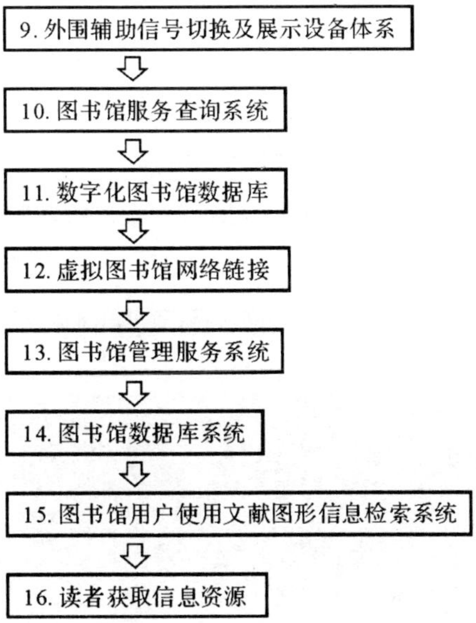

续图 7－4　流程原理示意图

7.3　创建流程

7.3.1　利用 AutoCAD 获取虚拟模型的精确数据

虚拟模型的精确数据来源于建筑实体测量结果或设计蓝图。获取虚拟现实图书馆场景的建筑数据,通常主要由 AutoCAD 绘图软件完成。AutoCAD 中的图形文件以 ASCII 方式存储,图形的尺寸大小十分精确,可以被 CorelDraw,3DS MAX 等大型软件调用编辑。AutoCAD 图书馆建筑是以 1∶1 的比例现场测绘的数据绘制的 .dwg 格式的电子文档。图纸的精确性可设定为以毫米、微米至光年单位。重要的是 AutoCAD 软件和 3DS MAX 软件是相互兼容的,可在同一计算机系统软件平台上运行。计算机允许在 3DS MAX 操作界面的导入(Import)菜单内导入虚拟现实图书馆 AutoCAD 文件格式,顺利而准确地完成包括虚拟现实图书馆在内的各类场景的虚拟模型创建。Auto CAD 绘图工具的自动捕捉功能可以满足 3DS MAX 三维拉伸过程中的节点焊接的要求，完成大量的几何体场景的三维建模，建模流程如图 7－5 所示。

建筑测量设计图纸数据 ⇨ Auto CAD电子图形文件 ⇨ 导入3DS MAX界面

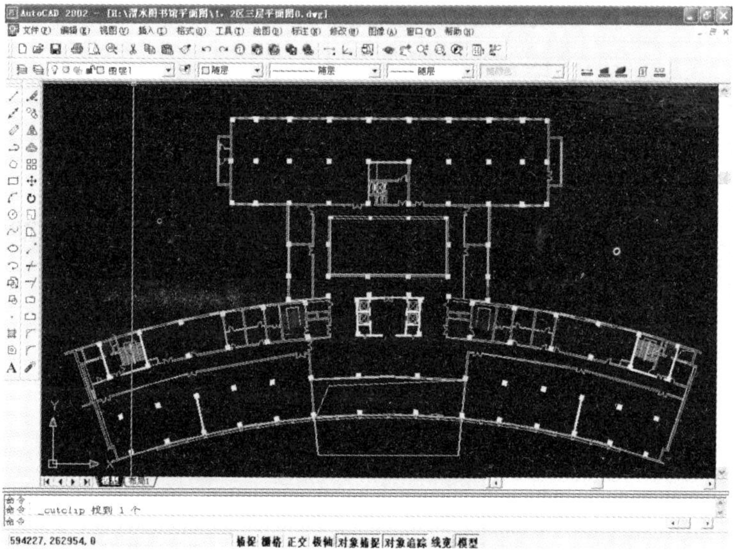

图 7－5　AutoCAD 绘图软件界面

7.3.2　3DS MAX 软件建模程序体系

3DS MAX 三维动画软件将所需要创建的图书馆现实场景建筑物，按照实际比例关系模拟绘制成计算机场景模型，根据需要漫游的场景制作出图书馆室外和室内两大部分，存入计算机硬盘。某 3DS MAX 虚拟现实图书馆外立面建模界面(其他软件如 MAYA 也可以建模)如图 7－6 和图 7－7 所示。

3DS MAX 软件中的建模工具是一个完整的体系，包括二维图形建模 Editspline、几何体建模 Geometry、编辑网格建模 Edit Mesh、编辑多边形建模 Edit polygon、参数编辑建模 Parametric modifiers、面片建模 Edit Patch/曲线建模 NURBS、放样建模 Loft、布尔运算建模 Boolean、阵列建模 Array、间隔工具 Spacing tool 建模等。

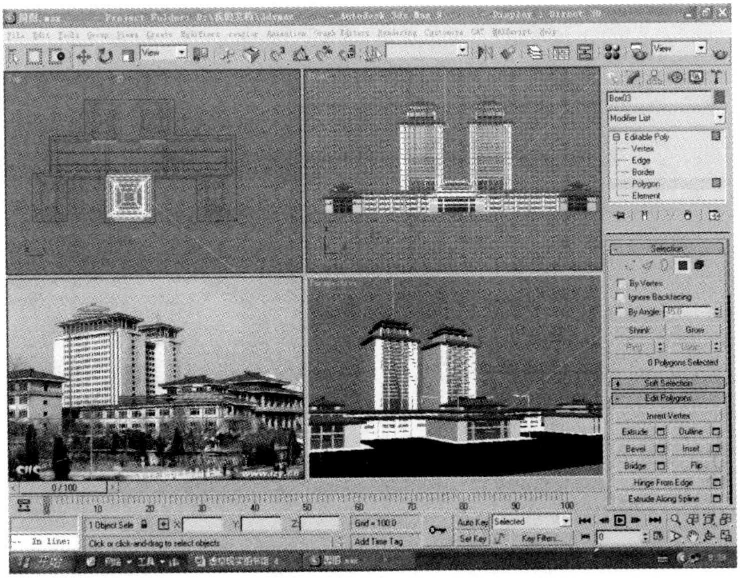

图 7－6　3DS MAX 虚拟现实图书馆外立面建模界面

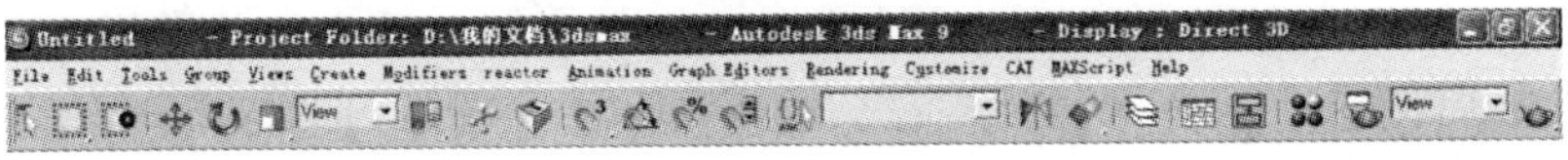

图 7－7　3DS MAX 建模工具界面

1. 二维图形建模(Editspline)

二维图形建模是造型的基础。二维图形基本建模参数包括创建线的长度数值参数、设线的节数、加节点 Refine、变换点的三个属性(角点、贝赛尔、圆滑)适应造型需要。在编辑修改器下拉列表中还有二维布尔运算 Boolean、堆栈窗口的修改、倒圆角 Fillet、倒直角 Chamfer、二维图形附加 Attach、拉伸挤出 Extrude、偏移线 Outline、焊接 weld 点，显示线型与渲染、视口背景衬图与描绘等。多数三维模型是先从二维建模开始的，如建筑物的墙体就经过了创建线 Line、偏移线 Outline、拉伸挤出 Extrude 等主要过程生成。对复杂图形如地形、园林景观、艺术性空间的创建等，需要经过加节点、圆滑节点、节点的移位等基本过程完成创建曲线，如图 7－8 所示。

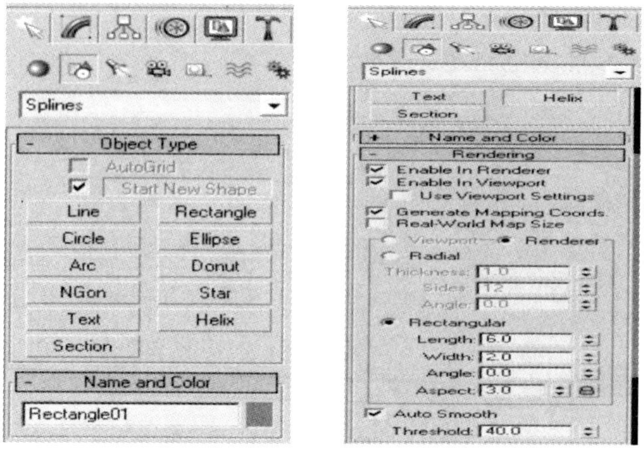

图 7-8　二维参数编辑建模界面

2. 几何体建模(Geormetry)

3DS MAX 程序软件有内置的两套几何体模块体系：标准几何体模块体系(Standard)和扩展几何体模块体系(Extended)。体系中的每一个模块对应的参数都是可调节的，如标准几何体“盒子”(Box)的参数是长度(L)、宽度(W)、高度(H)，创建出形态各异的三维造型。与场景建模关系密切的常用工具。对建筑类型的场景创建十分重要。在每个几何体中都可设段数(Segs)，作为几何体弯曲变形编辑的转折点和拉伸挤出的基本编辑面。段数(Segs)还是改变物体表面光滑度的主要设定指标与参数，因而是创建物体精确度的主要思考方向。如图 7-9 所示为三维模型参数编辑建模界面。

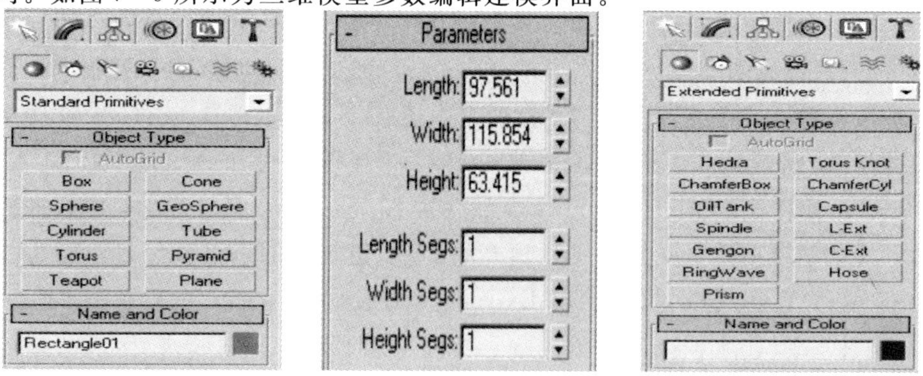

图 7-9　三维模型参数编辑建模界面

3. 编辑网格建模(Edit Mesh)与编辑多边形建模(Edit polygon)

编辑网格建模 Edit Mesh 与编辑多边形建模 Edit polygon 是同一属性的编辑工具,是对几何体进行二次编辑的主要工具之一。其基本原理是通过对几何体设定的点 vertex、线 Edge、面 polygon、体 Element 的平移、旋转、缩放来改变几何体的造型结构与外观尺寸。与之配套常用的编辑工具下拉列表中还有面挤出 Extrude、倒角 Bevel、切割 Cut、细分 smooth、桥接 Bridge、插入 Inset 等,是一个丰富而使用价值很高的编辑体系,如图 7－10 所示。

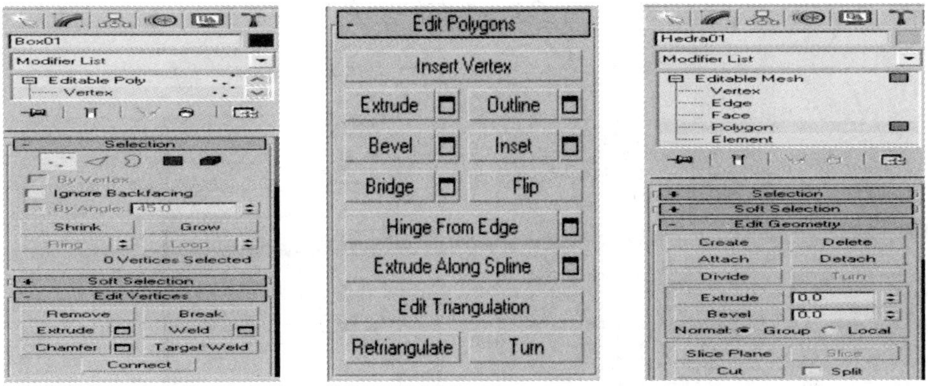

图 7－10　三维参数编辑建模界面

4. 参数编辑建模(Parametric modifiers)

参数编辑建模是比较复杂的结构造型选用的建模方式,主要包括倒角 Bevel、轮廓倒角 Bevel Profile、弯曲 Bend、扭曲 Twist、车削 Lethe、锥化Taper、行架结构 Lattice、自由变形 FFD Box、影刻 ShapeMerge、散布 Scatter、地形 Terrain 等。这一部分适用于建筑外观、工业产品、机械模型、园林景观等方面的设计。如地形 Terrain 工具程序可以用等高线绘制的方法创建地形地物,如图 7－11 所示。

5. 面片建模(Edit Patch)/曲线建模(NURBS)

面片建模 Edit Patch 适用于软体柔性外观的物体建模,可以用曲线调节手柄和软选择工具创建。曲线建模 NURBS 中设置了一套用点、线、面进行独立编辑的工具，如图 7－12 和图 7－13 所示。

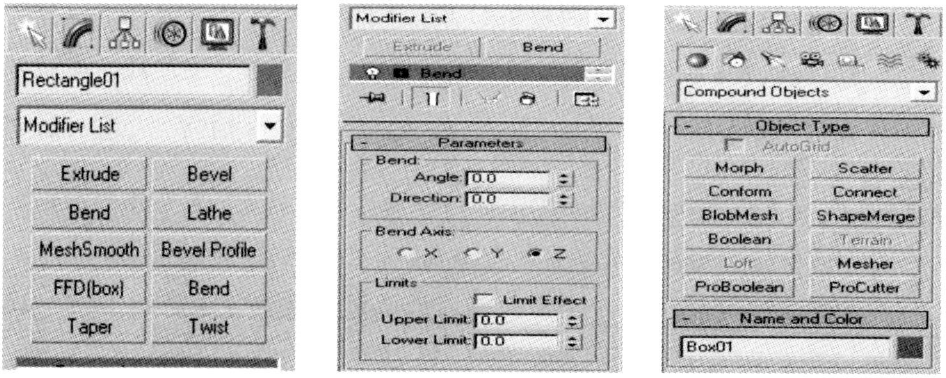

图 7－11　参数编辑修改工具建模界面

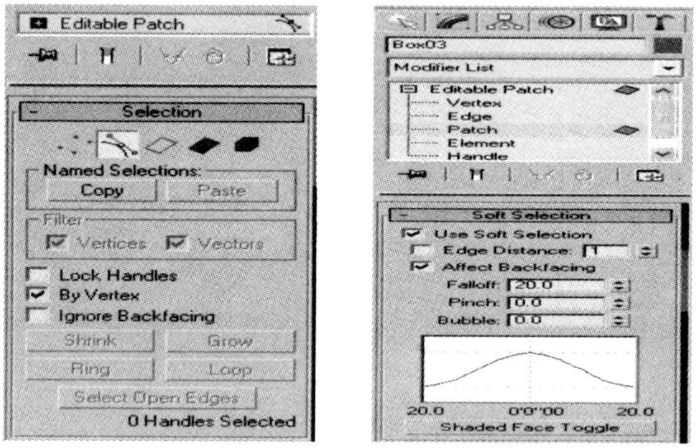

图 7－12　面片建模 Edit Patch 工具界面

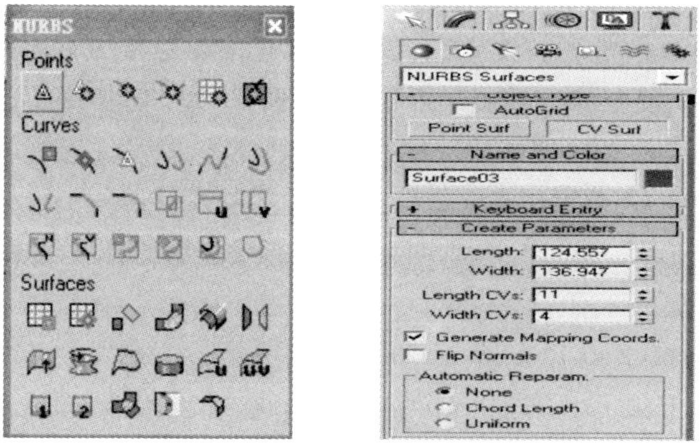

图 7－13　曲线建模 NURBS 工具界面

6. 放样建模(Loft)

放样的类型分为单截面放样、多截面放样、异型截面放样、拟合放样、线形放样、FIT 在修改器列表变形与缩放修改器 Deformatoins，Scale 用于复杂建模。放样建模 Loft 主要是用截面的创建和修改进行编辑，截面确定物体的外在轮廓；路径确定物体的长度、高度或延伸度。比如，罗马柱饰就用了方形、圆形、多边形 3 个不同的截面，用路径比例参数调节出精确的结构。操作面板如图7－14和图 7－15 所示。

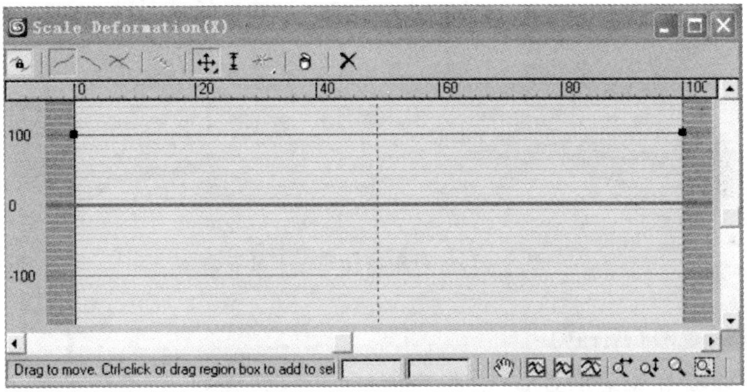

图 7－14　放样建模 Loft 工具变形与缩放修改器界面

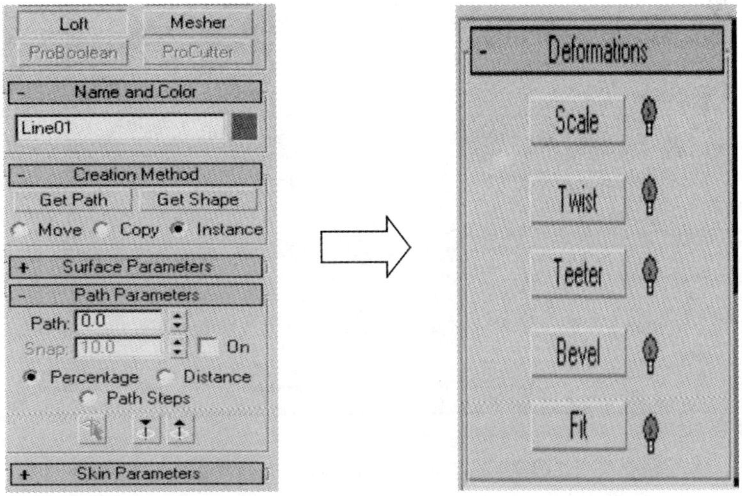

图 7－15　放样建模 Loft 工具界面

7. 布尔运算建模(Boolean)

布尔运算建模分为并集、交集、差集三种类型,三种结果。操作界面如图7－16所示。

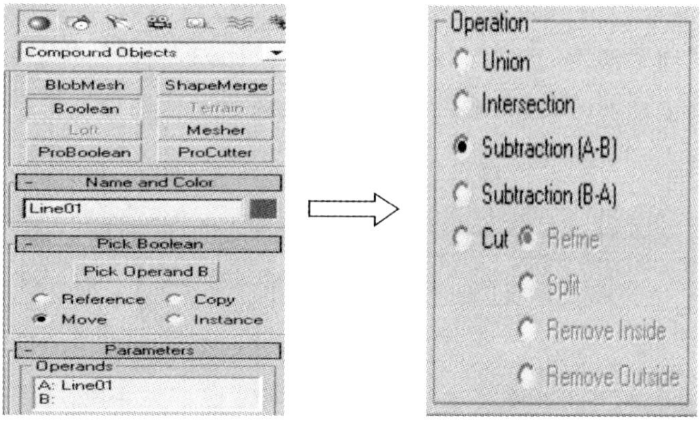

图 7－16　布尔运算建模工具界面

8. 阵列建模(Array)

阵列建模分为水平垂直阵列、比例阵列、旋转阵列、三维阵列等方式,适用于连续复制类型的建模对象。比如建筑体的柱网结构的创建,如图 7－17所示。

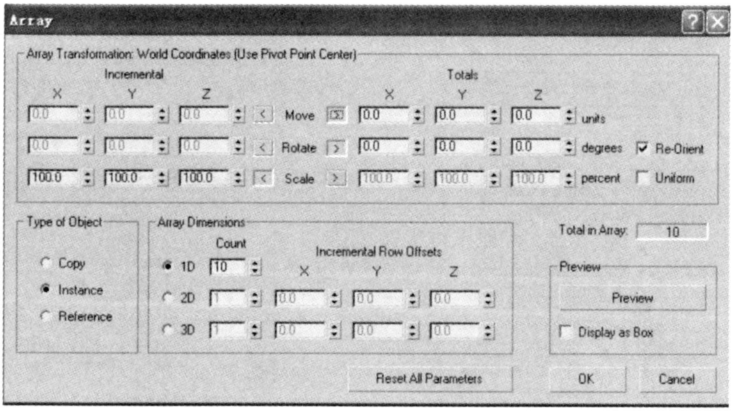

图 7－17　阵列建模 Array 工具界面

7.3.3　摄影机 Targer

摄影机 Targer 是场景对象范围界定与场景漫游的关键工具。摄影机类型包括目标摄影机和自由摄影机两类。控制的方法包括创建高度、角度、景深、范围；场景范围的获取利用标准镜头、广角镜头、长焦镜头、摄影机场景范围剪裁、场景范围雾化等工具系统完成。在摄影机工具中加载动画工具即可创建摄影机漫游场景动画，可以设计摄影机的路径轨迹、跟随方向、继承连接、播放时间的控制；同时可以设计摄影机的平移、推拉、目标注视漫游、静物环绕、自由环绕漫游、室内外环绕漫游、尾随漫游、同步漫游等特殊效果。操作工具界面如图 7－18 所示。

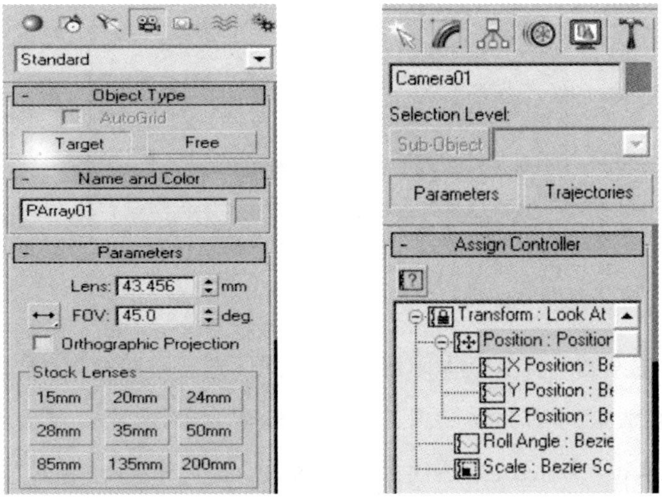

图 7－18　摄影机 Targer 操作工具界面

7.3.4　材质编辑器

按照图书馆实际场景中出现的建筑材料逐一给建筑物表面赋值，并按照实际坐标（U,V,W）尺寸、材质、颜色、明暗度等参数逐一进行调节，精确地表现出建筑物及场景的质感，以求尽可能真实的效果，如石材、玻璃、乳胶漆、水、金属、木材等的物理效果。材质编辑器操作界面如图 7－19 所示。

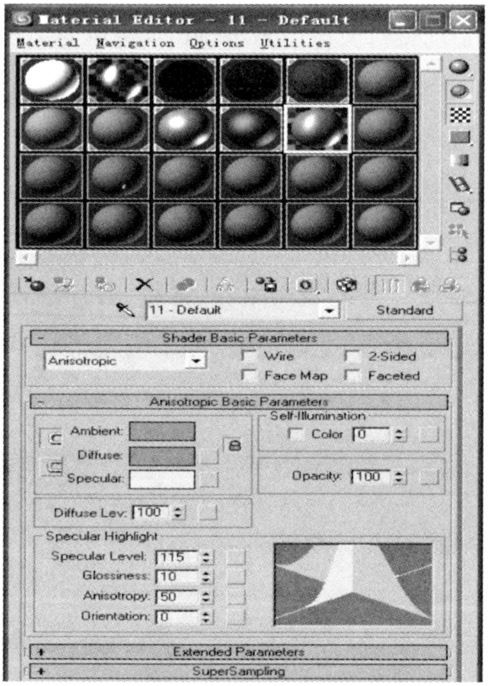

图 7－19　材质编辑器操作界面

基本材质贴图分类有基本贴图、多维贴图、光影跟踪贴图、卡通贴图、置换贴图、折反射贴图、多维材质贴图、ID 号贴图、混合贴图 Mix、对影与背景贴图、贴图的剪裁 View Image、半透明贴图 Translucent Shader、渐变贴图 Gradiet、网线贴图、建筑贴图 Architectural、贴图 Ahpar 通道等。

贴图的物理属性分类有高亮度类型材质贴图 Anisotropic、透明与半透明类型 Opacity 材质贴图、金属类型 Metal 与不锈钢类型、凹凸类型 Bump 材质贴图、纵横线贴图类型、瓷砖石木类型材质贴图、用于烘焙贴图的坐标展平贴图 UVWmap、贴图缩放器 MapScaler、背景与环境贴图转换等。3DS MAX 创建的图书馆阅览室场景模型贴图之后的效果如图 7－20 和图 7－21 所示。

图 7-20　3DS MAX 创建的图书馆阅览室场景模型贴图之后的效果

材质贴图程序流程图

单击主工具条中的材质编辑器按钮

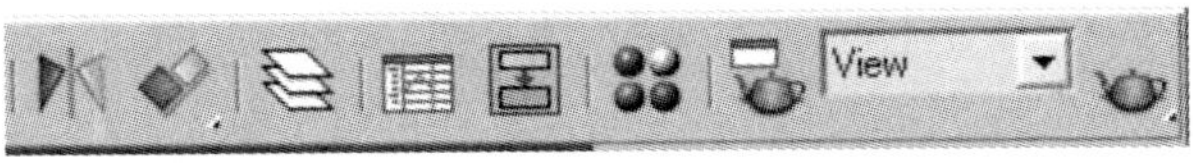

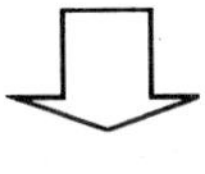

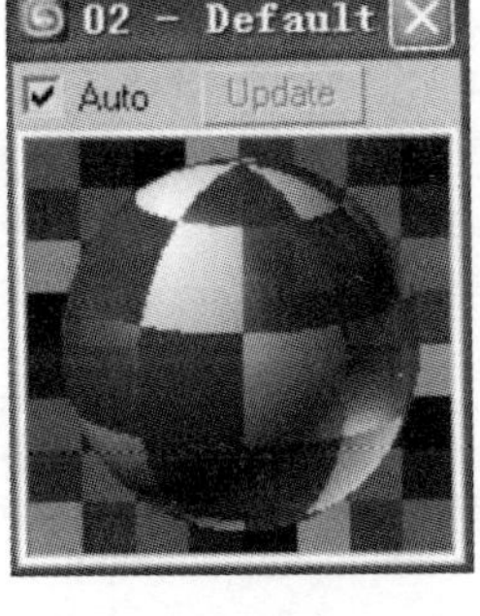

图 7-21　坐标贴图工具界面

选择材质样本

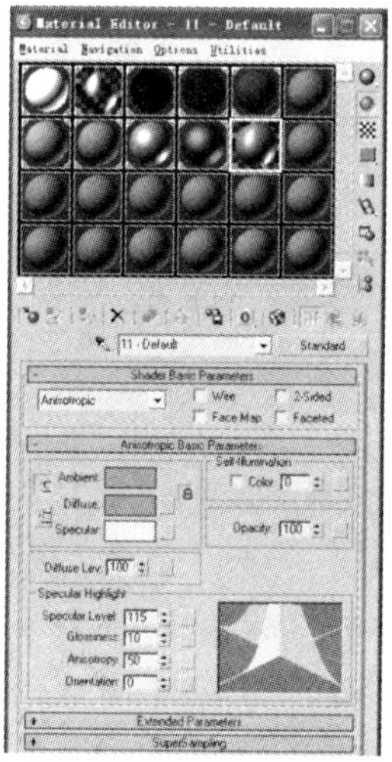

设定材质的 RGB 值与高光参数

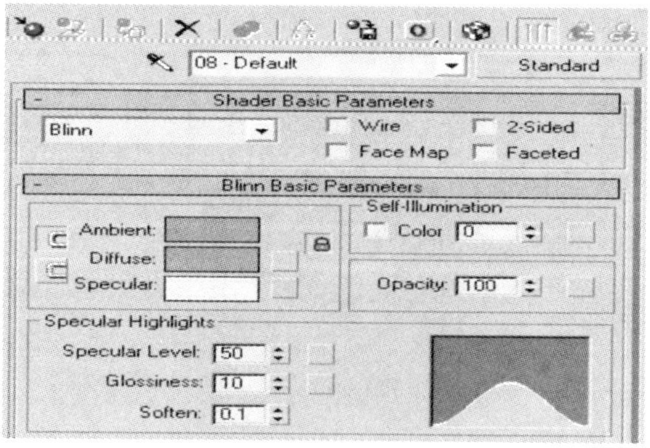

续图 7-21 坐标贴图工具界面

maps

按材质的物理属性选择对应的材质通道

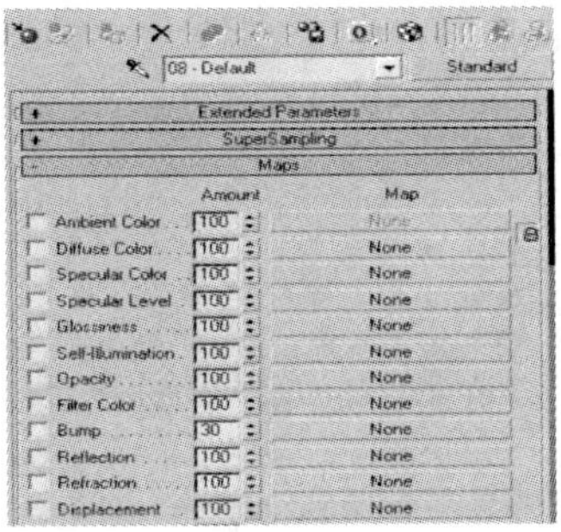

在材质浏览器中选择所需的材质类型

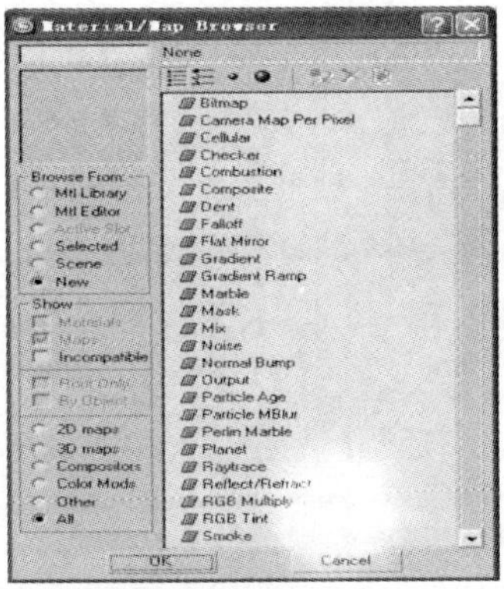

续图 7－21　坐标贴图工具界面

导入计算机目录下的材质库

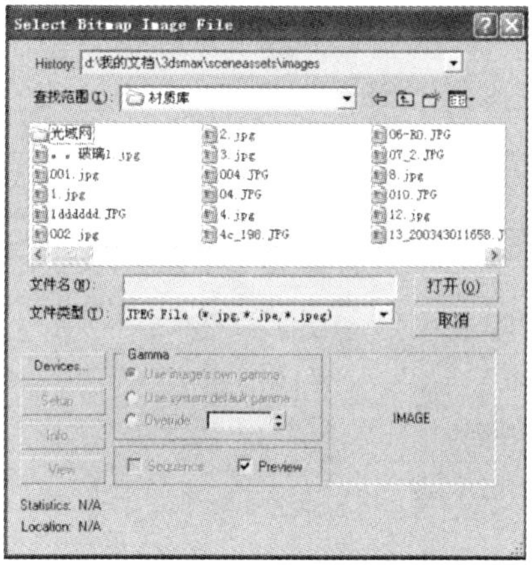

赋值给场景建筑物体表面

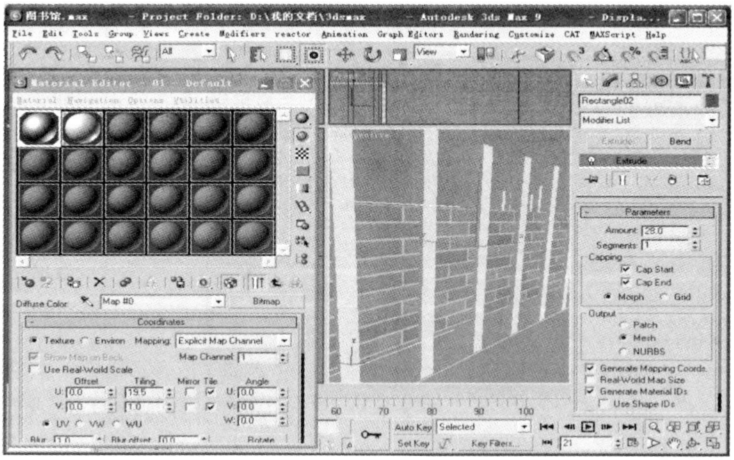

续图 7－21　坐标贴图工具界面

7.4　虚拟现实图书馆的色彩

虚拟现实图书馆的色彩是一切视觉元素中最活跃、最具有冲击力的因素之一，具有特殊的重要地位。色彩在渲染环境气氛、调节风格方面起着很大的作用，在环境设计中有着优先视觉效果，它可以弥补和掩盖构图与造型上的缺陷与不足。合适的色彩搭配可以营造出理想的空间氛围。

色彩设计原则。色彩的三要素是色相、纯度、明度。色相(Hue)即红、橙、黄、绿、青、蓝、紫等不同的颜色；明度(Value)即色的光学明暗度，不同的颜色光亮强度不一，有不同程度的明暗；纯度(Chroma)即色的纯度，即颜色中是否加了黑或白的成分，含黑或白的成分越多纯度就越低。整个色彩的设计简而言之就是这三要素的运用和变化，再加上一定的色彩心理学和色彩的象征与视觉识别的知识。下面是空间环境设计过程中所用到的一些色彩的规律。

1. 色彩的统一

在运用色彩时，首先要注意的是色彩的统一。因为在空间环境中，无论是道具还是主题都要注意风格的统一。风格的统一首先是色彩的统一，通过色彩来强化特定的视觉心理和观众的情绪。色彩过多会使整个环境给人以混乱的感觉，同时还会把人们的注意力吸引到色彩上，忽视了主要内容，从而违背了设计的初衷。因此，要统一空间的色彩，规定空间的专用色与主调色。

2. 中性色的主调环境

图书馆环境的整体色调要求不能太刺激、突出，因此环境色一般以黑、白、灰等中性色为主色调，以便造成宁静的气氛与和谐的环境。另外，环境的色彩一般应控制在三种颜色以内，以占大面积的为主色调，另两种为辅色调。

3. 色彩的对比

在调和中求对比和在对比中求调和，是实现色彩的变化与统一效果的两种处理方法。在图书馆空间环境设计中，充分利用色彩的冷暖、轻重、色相、明度、纯度等对比关系来丰富造型、突出重点，可赋予空间以新颖、悦目、明朗的视觉效果。因此，整个环境宜采用调和为主的配色方法，同时注意色彩的对比，达到多样而统一的视觉效果。有展室与整体环境的对比、展架与展室的对比、展架之间的对比、书籍与展架的对比等等。色彩鲜艳、五彩缤纷的书籍最好与中性色不刺眼的展架摆放在一起。色彩之间是彼此互补和制约的。展品间以及展台间的搭配有时候还根据不同书籍的学科类型分类,比如,艺术类书籍展区营造的环境色彩应是轻快、明丽、富于想象,而机械类书籍展厅色彩应偏向稳重、含蓄的中性色彩。

4. 导入 CI 色彩体系

虚拟图书馆所采用的所有色彩应和实际图书馆的色彩体系基本一致。设立图书馆的专属 CI 的取色范围内选取,要用标准色来设计主体色彩。色彩设计要协调整个空间环境、语义、功效之间的相互关系,以便更有效地烘托图书馆的环境及形象。

色彩要素还包括色彩的心理特征、色彩的象征和色彩的识别度。

目前,国外色彩体系标准有蒙塞尔颜色体系标准,国内有国家标准《中国颜色体系》(GB/T 15608—1995)。

(1)蒙塞尔颜色立体示意图。蒙塞尔颜色立体水平剖面上表示 10 种基本色。如图 7-22 所示,它含有 5 种中原色:红(R)、黄(Y)、绿(G)、蓝(B)、紫(P),5 种中间色:黄红(YR)、绿黄(GY)、蓝绿(BG)、紫蓝(PB)、红紫(RP)。在上述 10 种主要色的基础上再细分为 40 种颜色,全图册包括 40 种色相样品。

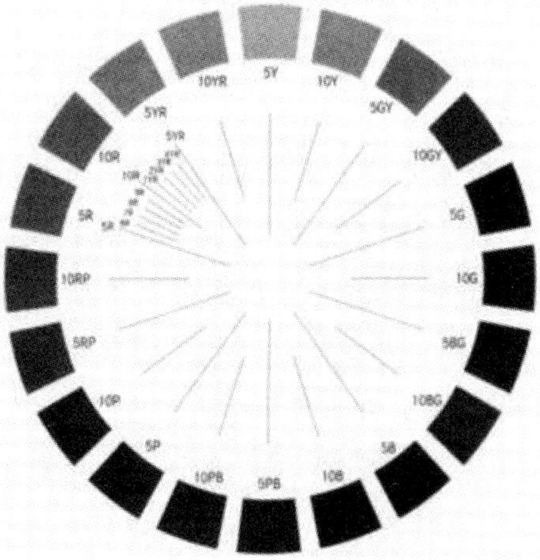

图 7-22　蒙塞尔色相的标定系统

(2)中国国家标准颜色体系(GB/T 15608—1995)。中国颜色体系的色调(即色相),以字母 H 表示,如图 7-23 所示,在某一水平面上,逆时针顺序依次排列着红(R)、黄(Y)、绿(G)、篮(B)、紫(P)5 个主色,在相邻两个主色之间还有红黄(YR)、黄绿(GY)、绿蓝(BG)和蓝紫(PB)、紫红(RP)5 个中间色,共 10 种基本色。

在中国颜色体系中,每一个基本色分为 10 级。而在色相环上,每一种基本色取 10—2.5—5—7.5—10 共 4 个等级的色相给予标号。前面的 10 即是基本色的终止色,又是下一个色相的开始色,标号为 5 的色相的颜色最纯正。这样在色相环上总共标示出了 40 个不同的色相。

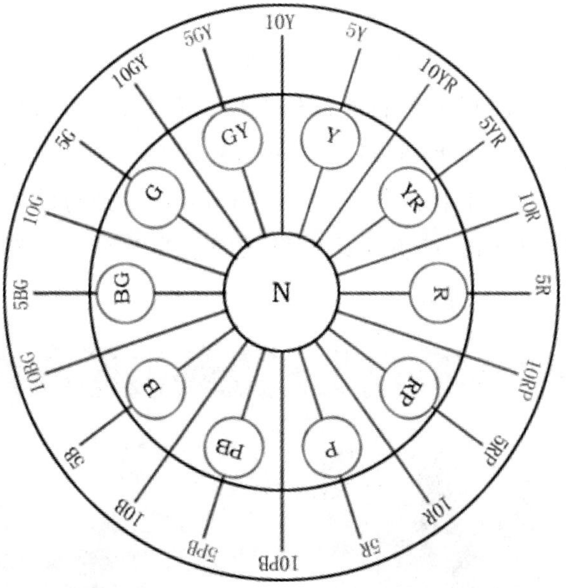

图 7-23　中国颜色体系色相标定示意图

国家标准《中国颜色体系》(GB/T 15608—1995)中规定了颜色的分类和按知觉三属性——色调、明度、彩度——确定颜色标号,是制作中国颜色体系标样的数据基础,也是颜色保存、传递、交流和识别的依据。

《中国颜色体系》中规定了中国颜色体系颜色样片色度坐标标准值,色样的明度最高为 9,最低为 2.5,只有 9 个等级。根据实际情况,在浅色色样中把彩度的级差分得小一些,级差为1。其他饱和度较高的颜色则以每两个彩度差为间隔(2,4,6,…)。

《中国颜色体系》中数据项共有6项(见表7-1),前三项为色块5R 7/1在中国颜色体系中对应的各项标示符号,后三项为该色样对应于CIE色度图中的各项值。

表7-1 色样对应于CIE色度图中的各项值

H	V	C	x	y	Y/(%)
5R	7.0	1.0	0.325 0	0.333 0	44.86

虚拟现实图书馆的色彩体系主要是通过3DS MAX的材质编辑器参数设定输入完成的。3DS MAX的材质编辑器中的色彩设定栏包含了色相、色度、色阶,饱和度、对比度、亮度、明暗度、纯度、透明度,高光的强度、范围、亮度、色彩等。在VRP软件中也有相类似的色彩调节系统。通行的方法是采用R,G,B值即红、绿、蓝参数输入的方法确定场景的色彩关系。3DS MAX软件中的色彩选择器如图7-24所示。

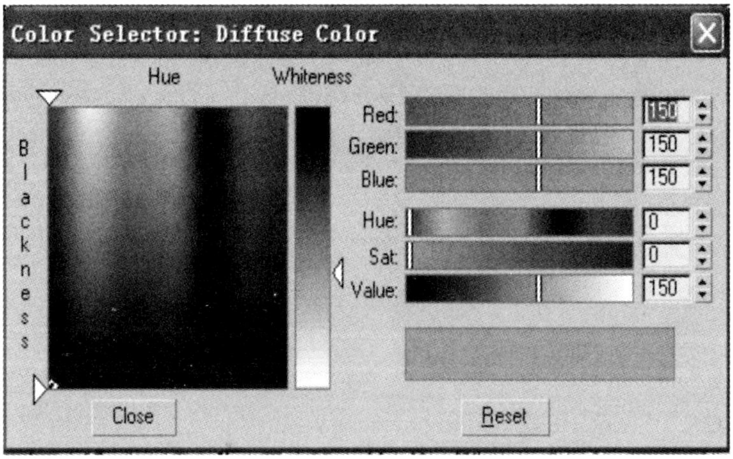

图7-24 3DS MAX软件中的色彩选择器

3DS MAX 材质编辑器中的色彩选择与设定栏所包含的色相、色度、色阶；饱和度、对比度、亮度、明暗度、透明度；高光的强度、范围、亮度等基本色彩参数调节栏如图 7－25 所示。与其他视觉艺术的色彩应用规则是一致的。

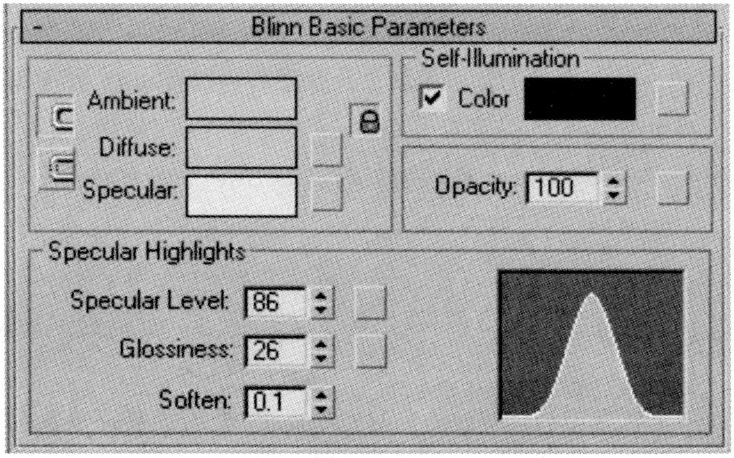

图 7－25　基本色彩参数调节栏

印刷品格式的三原色为红、黄、蓝；计算机文件格式的三原色(RGB)如图 7－26 所示，为红、绿、蓝。

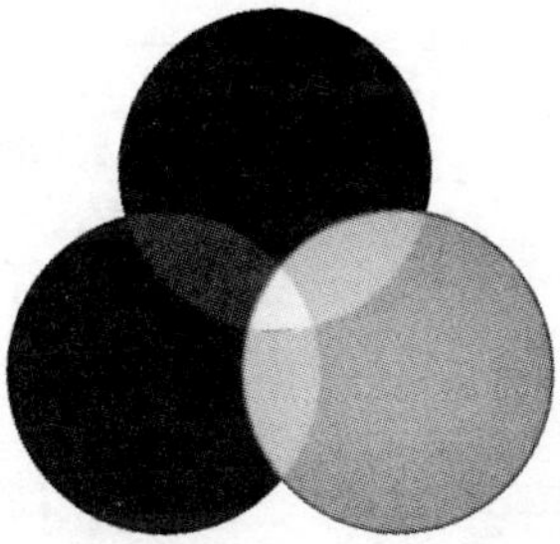

图 7－26　(RGB)为红、绿、蓝、白色

7.5 场景灯光与阴影

场景灯光和阴影决定了场景的真实感和空间感。场景灯光的功能类型分为主光源、辅助光；灯光的物理属性可分为聚光灯 Spot、平光灯 Diect、泛光灯 Omni、天光 Skylight；灯光的基本控制设计参数有强度 Multip、排除 Exlude、颜色 Color、衰减度 Field、射距、阴影参数 Shadows、灯光阴影贴图；灯光的特殊功能包括体积光 Volume Light、镜头特效光 Lens Effects 等参数设定栏；灯光的调控方法分角度调控、高度调控、距离调控、范围调控等功能。灯光的光度学类型 photometric 还有点光源 Point、线光源 Linear、面光源 Area；灯光的特殊类型功能还有光能传递、光域网文件 Web、火光设定、世界坐标系太阳光设定等。

根据图书馆场景中的日照或光照的实际要求，将场景中用 3DS MAX 中内置的日光或某种灯光功能设定在场景中所需要的经、纬度坐标点上。图书馆室外场景还需要根据时间，角度，坐标，经、纬度等进行精确的设定，以求得场景完全仿真的光照效果。除图书馆场景的灯光设计之外，还在城市规划部门、大型房地产公司以及高校建筑学专业等采用此技术进行城市规划的光照分析。灯光参数设定界面如图 7 - 27 所示。

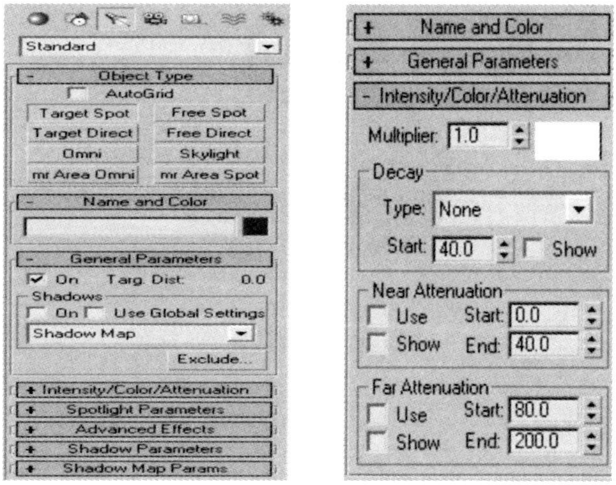

图 7 - 27 灯光参数设定界面

7.6　3DS MAX 三维动画影视特效编辑

3DS MAX 三维动画影视特效软件的动画功能包括基本动画、粒子动画、柔体动画(刚体)、骨骼动画，主要用于实现人物或角色的各种动作；位移动画用于实现刚性物体的运动轨迹，如开、关门，风扇旋转，汽车开动等；变形动画用于实现物体的自身顶点坐标变化，如花草树木随风摆动，水面的波纹等；动画参数设定界面如图 7-28 所示。

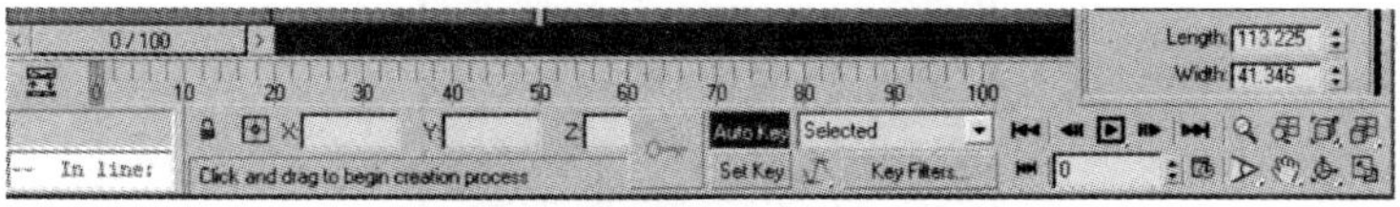

图 7-28　动画参数设定界面

N/P 制式与动画自动记录器关键帧的应用 Auto Key、时间 Time Configuration 和播放顺序与速度的设定与控制、动画文本格式设定与成品渲染、缩放动画、复制拷贝动画，平移动画、旋转动画、拉伸动画、路径动画 Path Constraint、背景动画、波浪、涟漪、噪波、融化、超级喷射、粒子阵列(爆炸)、水流倒向动化、风力与重力，以及人体模型插件文件(biped)。动画轨迹参数设定栏和时间参数设定栏如图 7-29 和图 7-30 所示。

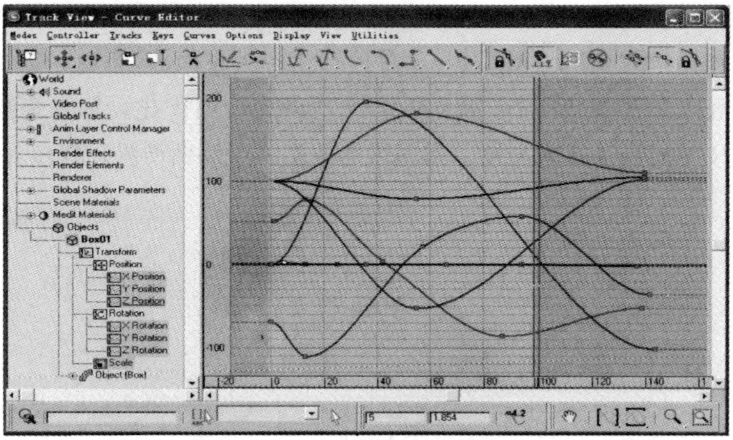

图 7-29　动画轨迹参数设定栏

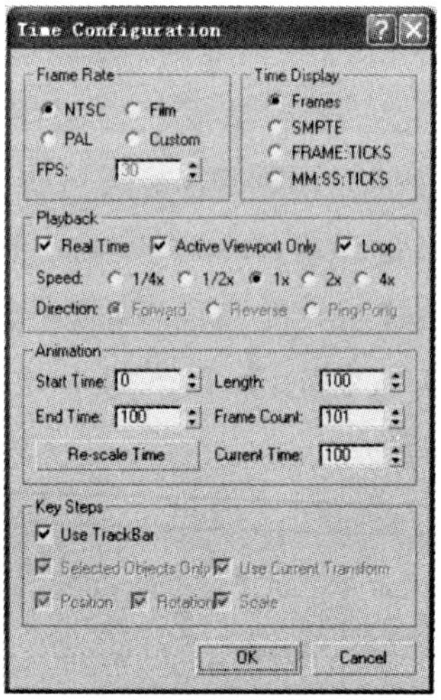

图 7-30　时间参数设定栏

7.7　烘焙贴图

将上述模型结果中的材质、日光、光照等现场效果用 3DS MAX 中的贴图烘焙技术进行二次加工处理，成为占用计算机内部空间较小的“烘焙贴图”，使之凝固在建筑物体的表面，以便于下一步在导入虚拟仿真程序时运行得的更为流畅。所谓烘焙贴图是将 3DS MAX 中的灯光效果以贴图的方式带到 VR 中得到真实场景的效果。创建 3D 文件所产生的大量面数，当前计算机有限的物理空间还无法流畅地运行，因此需要经过烘焙贴图优化。场景模型等物体导入到 VR 中的光景效果实际上是固定的贴图。烘焙贴图操作程序如下：

Rendering

↓

Rendering To Textue

↓

Add → Complete Map

⇩

Size 128 256(像素比)

⇩

展平贴图 → Unwrap UVW

⇩

Modifies → Automatic Flatten UVS

⇩

Save → Files → UVW(格式)

⇩

Render → Continue

⇩

Modifies → Unwrap UVW → Load (载入)

⇩

Export → VRL (导入虚拟仿真程序)

烘焙贴图的基本操作步骤如下：

a. 在 3D 界面下拉菜单中单击烘焙菜单

⇩

b. 在烘焙界面中设定烘焙文件的保存路径

⇩

c. 输入边缘扩展参数值

⇩

d. 选定烘焙类型(如 add Complete Map 或 Lightingmap)

⇩

e. 选定漫反射格式

⇩

f. 确定图形的像素尺寸

⇩

g. 点选复选框设置材质壳

⇩

h. 单击渲染按钮

⇩

i. 冻结首次贴图后继续完成

烘焙贴图操作界面如图 7 - 31 所示。

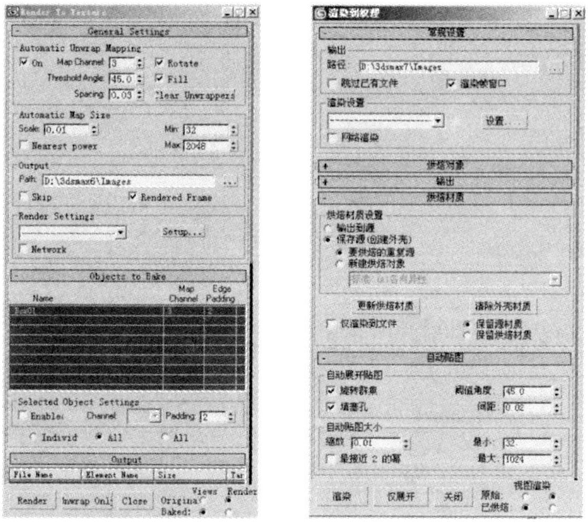

图 7 - 31　烘焙贴图界面(中、英文对照)

7.8　虚拟现实的基本原理与流程

将安装好虚拟仿真VR程序软件的3DS MAX建筑模型文件导入到虚拟仿真操作界面,继续下一步虚拟仿真的操作步骤。用于虚拟仿真的VR程序软件很多。近年来,虚拟现实技术发展迅速,与各种现有的多媒体技术进行有机结合,这些通常是由软件服务商按照用户的需求定制服务的。如美国总部位于加州Foster City的群硕软件帮助中国国家图书馆实现了一套可交互的虚拟数字图书馆。

VR的源码级软件是C++。用户可在此基础之上开发出自己所需要的高效仿真软件。基于提供C++源码级的开发函数库二次开发的模块又有VSM 2.1,VRLM,VR-Platform,SCVR虚拟现实软件等,是虚拟仿真技术根据图书馆的规模需要对应定制研发的一个操作系统群。这些模块中又划分了一些具体的功能模块,具体如下:

核心功能模块

输入设备模块

应用管理模块

输出模块

模型预处理模块

局域网通信模块

并行渲染支持模块

渲染节点模块

图像处理模块

其中，应用管理模块读取用户输入的仿真信号，执行各种仿真操作，可以实时修改虚拟世界的数据，完成仿真计算；模型预处理模块支持对3DS MAX，CAD或者其他几何建模软件导出的渲染几何模型进行二次处理；局域网通信模块提供基于套接字的局域网内数据通信功能以及文件传输功能。

虚拟仿真VR程序软件的选择是根据虚拟现实图书馆的规模大小来确定的。中小型图书馆在某个局部使用那种虚拟仿真VR程序的选择范围很大。可以根据图书馆实际功能深浅度需要向软件服务开发商提出具体要求。

3DS MAX本身就有内置自带的小型虚拟仿真VR程序，虚拟现实建模语言(Virtual Reality Modeling Language，VRML)能在低端的计算机上运行。程序本身可以适应小型漫游场景。打开3DS MAX操作界面中的帮助对象创建命令面板的辅助对象Heplers下拉列表，专门设有3D内置的虚拟现实97工具操作程序——VRML97列表(见图7-32)。这是一种描述三维图形体和交互环境的文件格式。VRML97列表属性内容包括：

时间感应器　创建控制动画时钟。

触动感应器　可用来将一个三维对象设置为触动开关。

漫游信息　可设定行走、飞行等场景漫游信息。

范围感应器　可以在指定的长度、宽度、高度范围内启动动画。

音频剪辑　控制播放速度、指定声源、循环播放等。

背景　用来设置天空颜色和地面颜色及背景的图像。

布告牌　用来连接场景对象，保持对齐摄像机。

雾　可以带来逼真的大气效果。

锚　用来设置一个单击播放的触发器。

LOD　仿真功能的操作程序，适用于图书馆场景模型。

图 7-32　3DS MAX 程序自带 VRML97 虚拟现实建模语言(中、英文对照表)

触动感应器操作步骤：

打开 Helpers 下拉列表

点选 Touch Sensor 触动感应器

控制光标在绘图界面创建图标

打开编辑修改器按钮

向下滑动修改面板

点击 Pick Trigger Object 按钮

在操作界面上拾取触动对象

打开编辑修改器按钮

点击 Pick Action Object 激活对象

点击对象

打开文件下拉菜单

点选“Export…”导出文件按钮

选择 VRML(* WRL)格式

有资料显示，在 3DS MAX 早期的版本就有了这一功能，按照每 18 个月升级一次的速度推算，在十几年以前，美国已经在 3DS MAX 中研发应用此项技术了。在 2004 年 8 月，美国官方 3DS MAX 7.0 中文版在加利福尼亚洛杉矶国际 SIGGRAPH 展览会上问世，为这一技术在世界华人范围的普及提供了重要的途径。

虚拟仿真软件根据用户的具体要求量身定做，有的是基于工作站，有的是基于计算机平台。例如，中视典 VRP 虚拟仿真软件，VRP 对硬件没有过多的限制，高度优化的引擎使其在高端和低端的计算机上均能运行；VRP 还运用了游戏中的各种优化算法，以提高大规模场景的组织与渲染效率。经过试验，其他 VR 软件需要更高硬件平台才能运行的场景，用 VRP 只需要普通硬件即可流畅地运行。而且 VRP 在 CPU 占用率上进行了优化，当用户在运行 VRP 演示时，不会导致机器响应缓慢。用 VRP 制作的演示可以广泛地运行在各种档次的硬件平台上，除了台式机，还包括那些配备了 GeForce Go 和 Radeon 显卡的普通笔记本，实现“移动”VR。可以在计算机平台上运行的 VRP 操作界面如图7－33～图 7－39 所示。

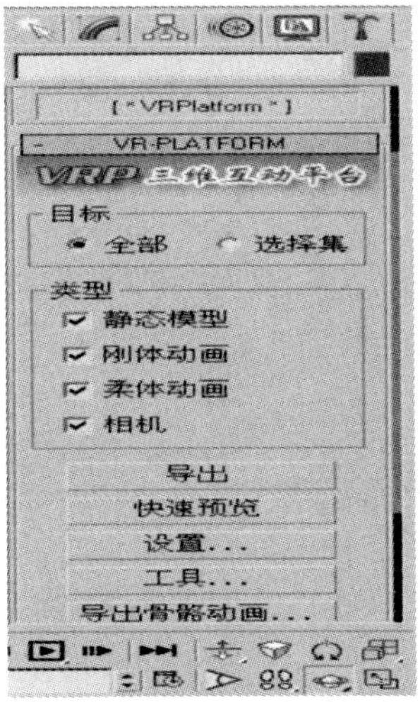

图 7-33　3DS MAX 界面导出至 VRP 操作界面

图 7-34　VRP 运行选择按钮

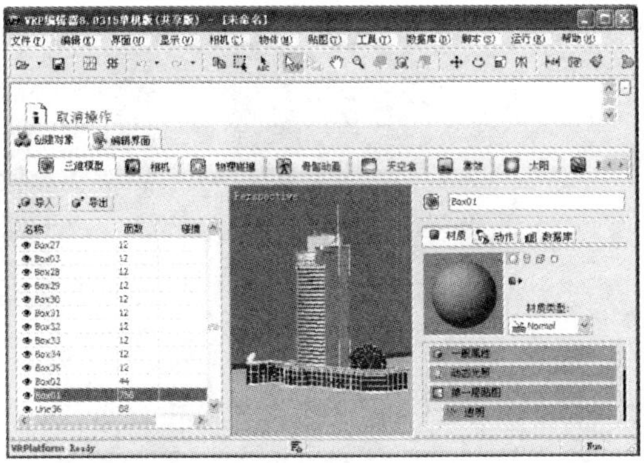

图 7-35　中视典 VRP 虚拟仿真软件操作界面

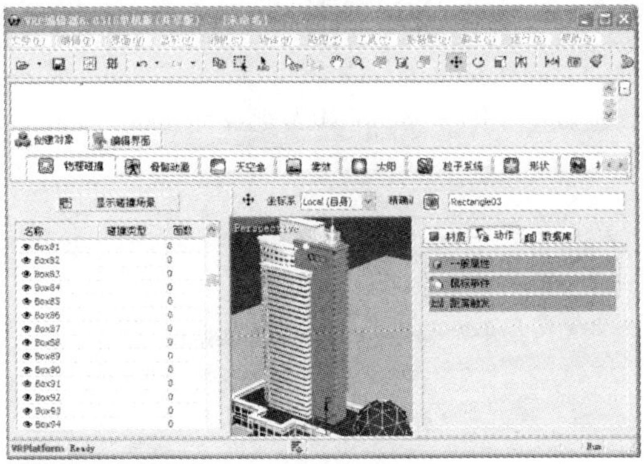

图 7-36　中视典 VRP 虚拟仿真软件材质操作界面

图 7-37　中视典 VRP 虚拟仿真软件漫游操作界面

图 7-38　VRP 导航设定效果

图 7-39　VRP 功能操作按钮

VRP可在二维界面的按钮和三维模型上定义热区,可设定热区的触发机制是点击鼠标或是范围吸引。在用户触发一个热区之后,将执行该热区所定义的动作或下拉菜单。

VRP平台是目前视觉表现效果很好的虚拟现实软件平台之一,支持高真实感、高效实时渲染画质,可以利用3DS MAX中各种全局光渲染器所生成的光照贴图,使场景具有非常逼真的静态光影效果。给予设计人员以最大的支持,使其能够充分发挥自己的想象力,贯彻自己的设计意图,没有过多的限制和约束。

VRP可逼真模拟红绿灯、LED动态信息显示屏、霓虹灯、天空盒、雾效、太阳光晕、体积光、实时环境反射、实时镜面反射、花草树木随风摆动、群鸟飞行动画、雨雪模拟、全屏运动模糊、实时水波等。

支持尺寸测量,包括体量测量、距离测量、面积测量,功能更强大,使用更方便。

VRP模型图形成品质量标准的确定主要取决于最终文件在计算机上的流畅度和场景所触发的交互效果。原因在于:一是文件的大小决定着场景的精细度,精细程度越高场景的视觉效果会越好;二是场景文件触发的交互仿真功能越多,应用价值就会越高。但是,这两者与计算机本身的物理内存与综合指数是矛盾的。以1 GB内存的计算机为例,超过40 MB个数与面数和功能构成的VR文件会占去计算机大量内存空间,就会使场景文件运行不够流畅。在不影响视觉效果的前提下减少文件的个数与面数是唯一的办法。有经验的VR设计师会在3D建模的开始就注意删除不可视的面,尽量减少多余的物体。当然,随着计算机硬件和软件的不断升级,有些问题会迎刃而解,正如许多VR的设计就应用了游戏软件的算法。即使如此,合理、有效、经济地使用软件、硬件是设计师不能忽略的。为此,在3DS MAX应用软件中就专门设有优化工具盒(Optimization)。在3D和VRP的制作流程中坚持模型的综合质量标准,是十分有益的。VRP模型图形成品的综合质量标准表见表7-2。

表 7－2　VRP 模型图形成品的综合质量标准表

序　号	质检项目	综合质量标准基本内容
1	模型个数	合理并最大化地精简个数
2	模型面数	合理并最大化地精简面数
3	模型尺寸	VR 场景模型的尺寸与实际场景中的尺寸比例为 1∶1
4	环艺设计	展示合理的环艺设计理念，符合现实生活中的情景
5	场景色调	整体 VR 场景色彩搭配丰富，色调冷暖协调
6	场景光感	整个场景光感清晰、明朗，冷暖光搭配协调
7	贴图数量	合理精简贴图个数，合理优化贴图量，展示最佳纹理效果
8	功能展示	全面、合理地使用编辑器中的互动功能
9	二维界面设计	色彩与 VR 场景匹配协调，元素构图合理
10	构思新颖	VR 场景构思新颖，趣味性强，互动功能齐全

第八章　虚拟现实图书馆的设计

8.1　虚拟现实图书馆的设计原则

虚拟现实图书馆设计原则如下：

(1)以读者为中心。虚拟现实图书馆是以人为中心的设计。在设计的过程中必须能够全面考虑浏览者的心理状态，寻找人-机-环境间的最佳匹配关系。按照参观者的各项心理数据合理安排交互线路、设计交互动作，尽量减少高科技带来的烦琐与困惑。

(2)新颖的艺术形式。虚拟现实图书馆的设计是艺术的设计，在艺术的表现形式上要发挥虚拟空间的优势，不断创新，才能使虚拟现实图书馆富有艺术的吸引力。艺术形式上的新颖也是设计所要追求的目标之一。因此，设计师可以尽可能在这些方面发挥新的创意，创造出更多的艺术形式，力求使读者的每一次交互都会发现意想不到的惊喜。

(3)集成性与交互性。虚拟现实图书馆的是多项技术集成的设计，具有较强的表现力和感染力，可以有效地调动参观者的多种感官，提高参观兴趣。如果脱离了对多种技术的集成，虚拟现实图书馆的优势就大为减弱。集成性并不意味着多种技术的简单堆砌，而应该注意展示元素各方面的处理，使之真正实现“一加一大于二”的功能。交互性是虚拟现实图书馆的设计区别于其他传统展示形式的重要特征之一，在实际使用中，各种技术往往相互交织在一起，共同发挥作用。

8.2　虚拟现实图书馆的主题设计

主题是各类场所总体设计的基础，它将贯穿于整个场所的设计过程和装饰过程，可以说主题的好坏将会决定场所寓意表达的成败。在图书馆虚拟环境中更是如此，虚拟环境是一个文化氛围极强的图书馆，而不是娱乐城，这些效果直接由主题决定。主题是虚拟图书馆设计的首要考虑因素，通过主题可以为虚拟图书馆创造一种鲜明的、独特的、中国式的虚拟空间展示观念，营造一种积极向上的吸引人、感染人，给人留下深刻印象的情节和意境。

如何确定虚拟现实图书馆的主题是虚拟图书馆设计的关键，它决定着设计的走向，总体设计构思一定是基于某种主题展开的，以主题形式加强艺术感染力，烘托环境的氛围。

对于虚拟图书馆的设计来说，成功的主题必须能很好地传达图书馆的各种意识形态，能营造一种积极向上的文化氛围，同时又能带给浏览者以身心的愉悦。主题的选择和定位也是一项极需创意性和想象力的工作，可以运用室内环境设计的一些创新方法和创新原则来进行。

同时，不同的展室还应采用不同的视觉符号来加以区分，所选用的视觉符号不仅要具有通用的代表性，还要能与大的环境主题相融合。

8.3 虚拟现实图书馆的设计要素

同其他的虚拟空间设计相似，虚拟现实图书馆的主要设计要素包括人、物、场，这三个要素的含义源于现实图书馆但又不同于现实图书馆。

1. 虚拟现实图书馆中的“人”

“人”指的是虚拟现实图书馆中的人因要素，在虚拟图书馆的诸要素中，“人”是首要的，因为它直接决定了虚拟图书馆的意义。为了实现虚拟图书馆与浏览者的身心之间取得最佳的匹配关系，最终形成有效的信息传达，在设计中必须考虑这一匹配关系所涉及的一切有关人的因素，这就是人因要素。它广泛地涵盖着人机工程学要素、心理学要素、行为学要素、社会学要素以及审美要素等。虚拟图书馆设计的目的是向人提供一定的服务、传递一定量的信息。因此，在设计的过程中，提到人因要素，自然就会想到展示信息传达的接受者——浏览者。浏览者是虚拟图书馆的诉求对象，是虚拟信息的接受者。虚拟图书馆的分析应涉及他们的年龄、性别、职业、身份、生活形态、思想观念、个性爱好、观赏心理、文化素质、行为习惯等诸多方面的针对性信息。对设计者来说，要抓住特定人群的共性和差别，研究目标对象在视觉、听觉、知觉、思维、想象等方面的特征，为确定设计目标提供依据。比如，根据知觉心理学的研究，在虚拟图书馆的设计中，采用虚拟漫游、互动操作的方式代替以往单一的文字、图片的方式，增强参观者的参观兴趣，从而让参观者在单位时间内获得更大的信息量。参观者是虚拟图书馆服务的对象，也是虚拟图书馆得以存在和发展的社会基础。根据知识的差异，参观者分为专业观众和一般观众。专业观众是带有专业针对性的参观者，具有目的性和权威性；一般观众数量较多，成分复杂，目的为求知、求新、欣赏、娱乐。不同的参观者具有不同的参观心理和不同的参观目的。虚拟图书馆作为一个大众性的平台，应该既满足专业观众的需求，同时也要满足一般观众的访问需求。设计的交互动作要能为大众所接受，各类视觉符号要能为大众所理解。

以"人"为基础的虚拟现实图书馆的设计方法。通过以上分析，从"人"的角度，提出以下虚拟现实图书馆的一些设计方法。

(1)虚拟现实图书馆的设计应符合人机工程学原理。虚拟场馆中的"人"是通过物质世界(即现实世界)与非物质世界(即计算机世界)的交互而获取信息的，因而这里的人机工程学应用主要是针对人机界面的设计而言的，即具体从美学原理、知觉原理、注意原理、记忆原理和思维与想象原理等方面来考虑，这部分内容在上一章中作了详细的阐述。

(2)虚拟图书馆中采用的各类视觉符号应为大众所理解和接受，不能产生误解和歧义。

(3)虚拟图书馆的动作设计、书架布置以及观察角度的设计，应该符合"人"的生理和心理要求。

(4)虚拟图书馆的交互动作应具有重置功能，以防"迷路现象"的产生。

2. 虚拟图书馆中的"物"

广义上讲，虚拟图书馆中的"物"即是虚拟图书馆中所涉及的一切物体，主要包括书架和书籍。它们是构成虚拟图书馆的基础，是传播信息的载体。虚拟图书馆中的"物"不再是现实图书馆中实物的含义，它已经由数字化的图书资料所代替。书架和书籍是虚拟展厅的基础和主题，也是虚拟展厅展示目的和任务的体现。在虚拟现实图书馆中，书架的设计必须以方便存取为目的，应最大限度避免读者的误操作。各类图书的排列应该按照分类方法存放。书架和书籍应支持局部放大和整体观看。图书资料主要指图书的电子版本,存放于专门的数据库中,当点击时能被快速调出;图书资料必须清晰且文件量小,易于传输。支撑软件包括虚拟图书馆三维场景建模软件、虚拟产品工程设计软件、虚拟现实软件、网页设计软件。能够实现虚拟图书馆的计算机软件市面上有很多,每个软件的优势各不相同,如何根据现实计算机设备的功能、网络传输速度和实际表现效果的需要,合理选择支撑虚拟图书馆的软件工具,是虚拟图书馆实现网络真实展示的必需条件。同时,还可通过网页来实现虚拟图书馆的图书捐赠、图书定制、意见反馈等操作。

除此之外,虚拟展厅中的“物”还包括虚拟图书馆以外的物体(即计算机硬件设备),整个虚拟图书馆中所要出现的物体的资料(即图书资料),还有虚拟图书馆中看不见但又实际存在的物体(即支撑软件)。这些物体是整个虚拟图书馆中必不可少的要素,对整个系统的实现有着或多或少的影响。

以“物”为基础的虚拟图书馆的设计方法,具体有以下两种。

(1)虚拟现实图书馆的动作方式应该是多种方式的结合。根据虚拟环境的特点,虚拟环境的呈现方式应包括静态呈现、动态呈现和交互呈现。静态呈现是指通过点击单个按钮,链接到一个单独页面,通过文字、图片对图书或展室作详细的描述和说明。动态呈现是参观者按照展厅设计者预先设定的浏览顺序、行走路线和视角浏览展室或展架,不具有互动性,是最佳参观路线的设定。交互呈现是参观者按照自己的参观路线随意浏览图书馆、展室或展架,并可以对其进行局部放大、整体旋转、显示内部结构等交互性虚拟操作。

(2)界面设计原则仍然遵循上一章中讲到的人机工程学原理,同时保持与主题风格、虚拟展室、当地或所依托高校文化在风格和主体上的一致性。

3. 虚拟图书馆中的“场”

虚拟图书馆中的“场”是指虚拟图书馆中的要素人、物以及信息之间相互作用而形成的虚拟空间氛围。虚拟图书馆中的“场”是应用数字技术,创造出来的一个貌似真实的计算机三维虚拟空间,具有空间深度的幻觉、场所特征的幻觉以及与模拟环境的互动幻觉等特性,它能让使用者处于一种非实体、三维空间的模拟环境中。它构建了一个虚拟场所,为观众与空间的相互交流提供了更大的可能性，超过了任何其他的真实场所。因此，在虚拟图书馆中，同样存在着空间的形象设计、编排设计、功能设计和建立场所精神的问题，只不过由于虚拟空间本身的模糊性与可变性，虚拟图书馆空间将成为一种具有无限可变和“巨大复杂性”的全新的空间形态。同时，书籍与书架的布置也仍然是重要的问题，但解决这些问题靠的是软件设计，而不是实体空间的设计。每一个展室、书架都能够以某种有趣的形式与其他相关的展室与书架建立超级链接，用户可以根据个人喜好设计独特的参观路径。这种虚拟环境的设计，需要设计师与信息技术工程师的配合，确定网络的综合布线，以及选择性能匹配的硬件及软件，并考虑整个网络系统发展的可能，从而具有了极高的灵活性。在虚拟环境中，参观者可以通过头盔、立体眼镜和手套等辅助设施，“游览”三维的空间，其感觉如同自由地徜徉在图书馆的展廊一般。而这种参观仅仅依赖于一台个人电脑或其他形式的网络终端。因此，它极大地压缩了实体空间，图书放在网络的服务器上，参观者则分散在很远的地方。决定图书馆能力的因素不再是其空间容量，而是计算机服务器的容量和网络的带宽。

以“场”为基础的虚拟现实图书馆的设计方法具体有以下三种。

(1)形象设计方法。虚拟图书馆的形象设计是指图书馆的立面空间造型设计，可以是具象的，也可以是抽象的，但造型的宗旨必须围绕虚拟展厅设计的主题，必须与图书馆的文化氛围相一致。进行虚拟图书馆整体造型设计的目的是为了吸引参观者，给参观者留下深刻印象，从而提高图书馆的知名度。

(2)空间设计方法。虚拟图书馆的空间不是现实意义上空间的概念，具有跨越性、超时空性的特点，因而在空间的设计上，可以采用链接的手法，跳跃式参观各个展室。比如，可以在虚拟环境中设计一个包含图书馆所有展室名称目录的导视牌，参观者可以点击导视牌上自己想要观看的名称，虚拟环境就会立刻切换到这个展室的位置，然后每个展室门口还有一块包含每个展架信息的导视牌，这样可以使参观者更加快速地找到需要的图书信息。

(3)参观路线设计方法。虚拟图书馆的参观路线设计包括两个方面的内容：一个是图书馆的设计者按照一般规律为参观者设定固定的参观路线；另一个是参观者按照自己的参观意愿和需求自由设定参观路线。

下面，对图书馆参观路线设计的一般规律做一介绍，通常情况下，图书馆的参观路线大致上可分为直线流动、环线流动和真实再现三种。

(1)直线流动,即穿越式流线。空间的入口和出口在不同的两侧,观众从入口进入后,不论怎样流动,最后从另一侧出口离开,不用再回到入口一侧。这种流线较适合狭长的虚拟空间,所有展室一般都在两侧排列,人流不会有太大冲突,是比较简单的流线形式。直线流动的展厅在平面布局上分为两种:一种是对称式布局,采用这种布局,使流线通道较明确,但略显呆板;另一种是非对称的,流线通道较模糊,但空间有些变化,显得错落有致。

(2)环线流动。在一些三面围合的空间里,入口和出口同在一侧,观众在进入馆区之后,经过环线流动,又从同一侧的出口离开。环线流动的展区布局比较复杂。理想的参观路线要能使观众按顺序遍观全体,将观众视点集中于展室中心,尽可能避免观众相互对流或重复穿行。

(3)真实再现,就是指严格地按照所模拟图书馆的格局进行编排。这种方式适合于对一些新建图书馆的设计,因为这些最新设计的图书馆本身的安排就是比较合理的。当遇到一些老式图书馆时就会出现混乱的情况。

一般情况下,参观路线的方向要依据图书馆脚本大纲的顺序和现代文字横排的特点由左向右按顺时针方向延展,不能时左时右,使观众找不到首尾。路线区域的划分应单纯而有变化,必要的转折、曲线可使空间单元明确,观众注意力集中,重点内容突出(如阅读量比较高的图书安排在参观路线相对集中的地方);但过于弯曲狭窄时,会造成杂乱、拥挤的现象。

8.4 虚拟现实图书馆的导视系统设计

虚拟现实图书馆的导视系统主要包括各类指示性的符号,如图书分类符号和位置标识符号。这些符号是为方便参观,实现“透明空间”的概念而被创造出来的。虚拟现实图书馆作为一个虚拟空间,参观者失去了根据周围景物定位的能力,因此,完善的导视系统显得尤为必要。所有这些标识符号都为人们参观图书馆提供方便,同时也造就了一个更小的环境艺术空间,一个自动表达和启发的环境艺术空间。这些设计不仅是传达信息的“视觉语言”,也承载了文化的一部分。

所谓的标识，就是“记号”“符号”“信号”等，是把想要表达的事情用记号来表示的形式和做法。标识，辞典中的解释是诸如图形、记号、文字等，广义是指有代言某种事物、事象的功能的东西。标识既是事物内容、性质的代言者，又是便于识别的形象，是指有助于人类作出理解和行动的、代表情报、信息的传达手段或媒介；其最大的表象性特征是形象化、符号化。从本质上来说，看得见的实物在与人的关系中被符号化并起到传递信息的作用时，就可以将其称为标识。进一步讲，不光是视觉上的东西，诉求于听觉、嗅觉和触觉等方面的传媒信息也可以被认为是标识。

导视系统的目的是帮助人们理解环境，提供人们行动所需的信息。标识形式应简洁、典雅，注重信息传达功能，强调视觉秩序性。导向设计是一种新的设计方法论，它是通过管理空间或环境信息来帮助使用者指导方向的过程。也可以被定义为从设计师或者客户的角度出发，寻求一种对于特定环境功能的建立或改进。值得关注的是导向设计所提供的是新的、更为广阔的设计视角，它细化了真实环境中人们所面临的不同困惑。

标识导向走入环境之中，既为其服务，同时它自身又是环境的一部分。标识不仅仅是一个标志或者箭头，而是要与建筑、景观和图形融为一体，真正形成系统化设计。同时还要适应多层次、多形态、多空间的复杂要求。标识导向的构筑，也就是建立提供信息新方式的目的，就是创造一个更适合现代人居住的完善的虚拟空间环境。更重要的是，要实现一个不仅让老年人及残障人士更容易理解的虚拟空间，而且对任何人而言，都是安全、舒适并充满魅力的虚拟空间。

8.5　虚拟现实图书馆导示标识设计原则

1. 时间与空间性

(1)快速。标识形式简洁，信息一目了然，满足游历行进中的瞬时识别和记忆。

(2)距离。标识牌的距离应能满足整体观察和局部放大观察的要求。

(3)位置。标识牌安放的位置，应在参观线路的醒目位置。

(4)方向。导示标识的设置朝向应与观察视线相适应,尽可能与观察视线垂直,有时可设置多角度显示,以方便各个方向的观察。

2. 识别性

(1)外形识别。

(2)环境性。设置于无遮挡处,色彩、明度均与背景形成对比关系

3. 空间氛围

图书馆的标识导向不仅可以作为单体存在,还可以作为包括周围环境的空间而存在。因此,在很多时候,标识导向所具有的设计主题及构造等对整个空间的影响很大。

4. 艺术性

艺术化的标识导向设计常常融入空间环境的主题并充满地方性特色。其可贵之处在于较充分地表现了空间环境的主要特征,强化了空间的艺术氛围,同时还可以调节空间的序列,营造艺术化的空间环境。此时的标识导向已经成为令人产生共鸣的艺术作品。

在欧洲的城市中,在街道常能见到根据古老的传说、逸事、象征及主题等创作的纪念性雕像和艺术品,这些都是作为街头标识来表现的。这些纪念性雕像和艺术作品等在中国大多被作为“公共艺术”设置在站前广场。然而,非常遗憾的是所看到的作品大都是与当地没有任何关系的“商业化作品”。在空间设计的过程中,为了让一般市民感受到地方特色,就应该从空间设计的角度来考虑现在地方个性的标识。标识对空间的影响很大,标识对于形成空间的品味和构建容易理解的空间环境将发挥巨大的作用。标识设计应从本地区的文化属性出发,超越色彩、形状及规格等问题,营造有文化特色的艺术空间。

5. 色彩在标识导向中的应用

在图书馆标识导向设计的各个要素中,视觉要素所占的比例很大。而在视觉要素设计过程中,设计师大多是利用色彩进行控制的。这其中有扎根于各个地区的传统色彩及个性色彩,这些色彩往往包含特别的愿望及规则。此外,设计师还从色彩心理学的理论出发,利用颜色给人造成的心理影响,将其作为表述人间感情及地区形象的道具,或者赋予某种色彩特定的属性及意义,并将其作为营造气氛的要素来表现空间的个性。具体到图书馆的设计上,设

计者可以配合场馆的主题色，选用一些跟图书分类及地区特色相关联的色彩作为标识导向 。

6. 系统连贯性

标识具有多种功能，因此，与各种功能相吻合的布置规划十分重要。设计以引导为目的的标识时应保持适当的间隔，同时必须注意的是让人能够理解前后之间的衔接和相关性。前后之间的衔接和相关性一旦中途消失，那么，一个标识设计得再豪华也是没有用的。在规划区域内设置标准化标识，不应过于注重形式，而应不断明确标识的定位。将各个标识整合起来，强化网络之间的链接，这种综合性标识的布置是非常重要的，需要充分反映所有空间的概况。

一般来讲，并不是设置了各种标识后就大功告成了，只有将所有标识有机地衔接，形成一个能发挥各自功能的综合系统才算设置完毕。因此，在初期阶段就需要探讨通过什么符号实现标识系统的连贯性，如何将这种符号的文化内涵融合进去，而不是在环境形成之后再进行设置。如果有可能，应该尽量站在标识导向设计的观点，将环境本身作为系统来构筑。在这种环境中，标识导向已不是必要的，环境本身就可以作为标识导向，为所有人带来易于理解的空间结构和必要信息，创造出简洁、充满魅力的新空间。

第九章 虚拟现实图书馆的方案开发与应用研究

9.1 虚拟现实图书馆三维场景的实现方法

虚拟环境可分为沉浸式展示和非沉浸式展示。非沉浸式展示又分为基于图像的展示和基于模型的展示两种类型。基于模型的沉浸式展示和其他的两种虚拟环境都是基于虚拟现实技术的分类而言的,因为基于模型的沉浸式展示的技术含量高、成本高,加之不是很成熟,在一般的展示中单独应用很少,主要是在大型的博物馆、展览馆展示中和非沉浸式展示综合运用。但是随着技术的不断完善,它必将成为虚拟展厅设计的主流。下面,仅讨论非沉浸式虚拟环境关于基于图像和基于模型的虚拟环境两种方法。

9.1.1 基于图像的方法

基于图像方法的非沉浸式虚拟环境是以实际场景的照片或三维渲染的图片为素材,采用图像拼合插值技术建立的,具有照片质量真实感的虚拟场景。它开发成本低,真实性强,避免了复杂的几何建模,交互性好,实时性强,但数据量较大,不适合基于互联网的文件传输。目前,基于这种方法最成熟的软件是 Apple 公司的 Quicktime VR 和 Microsoft 公司的 Surround video。这种方法包含如下几个工作内容:

1. 获取图像

用照相机、三脚架、云台、鱼眼镜头等拍摄获得图片,或将用 3DS MAX ,Maya 等制作的场景六面渲染输出,获得图像。

2. 交互制作

导入图像,用造型师、Quicktime 等软件进行全景图拼合,并加入事件响应,实现交互操作。由于不同的软件具体操作不一样,比如造型师提供了一种在互联网上逼真展示三维物体的崭新方法，它能通过对一个现实物体进行拍摄得到的图像进行自动处理，自动生成 360°物体展示模型，使用户方便地、旋转地、交互地观看物体；Quicktime 基本特点是能够实现对一个物体或空间进行 360°全景观察，利用它来创建虚拟场景，可以在一个大厅里环绕四周，以任意一个角度观察这个空间，也可以围绕某一个物体，在 360°的范围观察它。

假定在室内空间进行观察，室内空间一般有六个表面，如果获取了这六个表面的许多不同距离、不同方位的实景照片并将它们按照相互的关系有机连接起来，就可以在视觉上形成这个房间整个空间的整体认识，这就是全景概念。在观察时，可以任意地转动观看，也可以改变视点，或是走近仔细观看，由于这些照片是相互连接的，所以只要照片足够精细，连接得紧密、正确，就可以获得空间的感觉。这就是其基本的工作原理。

3. 预览和发布

用相应的软件将制作的方案生成网页文件或可执行文件，经审核、认可后，便可发布。

基于图像的三维虚拟场景绘制，即 IBR 技术是一种全新的图形绘制方式，它在具有普通计算能力的计算机上实现真实感图形的实时绘制。该技术基于一些预先生成的图像（或环境映射）来生成不同视点的场景画面，与传统绘制技术相比具有以下特点：

(1) 图形绘制独立于场景复杂性，仅与所要生成画面的分辨率有关；

(2) 预先存储的图像（或环境映照）既可以是计算机合成的，亦可以是数码摄像机实际拍摄的画面，而且两者可以交替、融合使用；

(3) 该绘制技术对计算资源的要求不高，因而可以在普通工作站和个人计算机上实现复杂场景实时显示。每一帧画面都只描述给定视源点沿某一特定方向（视线）观察场景的结果，并不是从图像中恢复几何模型或光影效果，为了摆脱一单帧画面视域的局限性，可在一个给定的视源点处拍摄或通过计算得到其沿所有方向的图像，并将它们拼接成一张全景图。为使用户能在场景中漫游，需要建立不同视源点位置的全景图，继而通过视图插值或变形来获得临近视点的对应的视图。IBR 技术是新兴的研究领域，它将使计算机图形学获得更加广泛的应用。

3DS MAX 在 IBR 中的应用是自然的，3DS MAX 出色的纹理视图，强大的贴图控制能力，处理各种空间扭曲和变形的能力，对图像和环境映射的控制和处理提供了便利。利用 3DS MAX 可以根据所需的全景图类型生成对应的图像，然后将图像拼接成全景图，而且拼接的过程可编制成脚本（Script）文件，作成插件嵌入到 3DS MAX 的 Plugin 中。事实上，目前已经有第三方厂商开发了一些全景图生成和校正的插件，大大方便了制作。

用 3DS MAX 为虚拟现实系统创建好模型后，根据 VR 系统的编辑环境将模型输出为编辑环境能接收的文件类型，如 *.c3d 等格式。具体做法："File / Export"，出现一个对话框，单击"存为类型"下拉列表框，选取"Cult 3D（*.c3d）"类型文件，取名后单击"保存"，出现一个 EXPORT 对话框，取默认值，单击"OK"键生成一个以.c3d 为后缀的文件。

在虚拟现实系统中经常需要具有视差和景深的立体视图，可以通过在 3DS MAX 中设置双摄像机来模拟人的双眼来渲染立体视图对象，这需要调整双摄像机的相对位置，然后分别渲染不同的摄像机视图即可得到立体视图。当然，从本质上来说，在场景中放置摄像机不是一种建模技术，但因为在一个成功的虚拟环境中，摄像机非常有用。若在场景中放置足够多的摄像机，精心调整视角，并给摄像机逐一取名，则用户在浏览时，可通过单击右键来选择不同的摄像机在场景中导航，这比用户用鼠标导航要简单得多，而且用摄像机导航，能展示最佳场景。

9.1.2 基于模型的方法

基于模型的方法又称为基于景物几何的方法，是通过各种建模软件，以几何实体来构建虚拟环境，然后通过加入事件响应来实现交互操作的。其数据量小，交互性强，但是由于软件的局限和网络数据流的限制，它无法提供基于图像方法那样的照片质量和真实感效果。它包含下述几个工作内容：

1. 三维建模

根据不同的展示目的，选用 AutoCAD，3DS MAX，Maya 等三维建模软件建造数字模型，比如，展示的场景、展具。三维建模的方法主要有多边形建模（Polygon）、NURBS 建模、细分曲面建模（Subdivision Surface）。通常建立一个模型可以分别通过几种方法或它们之间的有机组合来实现得到，但有优劣、繁简之分，均以不增加面片数为大前提。

多边形建模(Polygon)技术是最早采用的一种建模技术。它的操作方法很简单，就是用小平面来模拟曲面，从而制作出各种形状的三维物体。小平面可以是三角形、矩形或其他多边形，但实际中多是三角形或矩形。多边形建模适于创建形状规则、无曲面的对象。使用多边形建模，可先创建基本的几何体，再根据要求使用编辑修改器调整物体形状，或通过布尔运算、放样、曲面片造型组合物体来构建对象，多边形建模主要优点是简单、方便、快捷，但难以生成光滑的曲面，因此多边形建模技术适合于构造具有规则形状的物体，如大部分的人造物体。对于用多边形建模创建好的模型，还可通过调整建模参数以获得不同分辨率的模型，以适应虚拟场景实时显示的需要。

NURBS 建模是 Non - Uniform Rational B - Splints 的缩写，是计算机图形学的一个数学概念。NURBS 建模技术特别适合于创建光滑的、复杂的模型，而且在应用的广泛性和模型的细节逼真性方面具有其他技术无可比拟的优势。但由于 NURBS 建模必须使用曲面片作为其基本的建模单元，所以它也有以下局限性：NURBS 曲面只有有限的几种拓扑结构，导致它很难制作拓扑结构很复杂的物体(例如带空洞的物体)。NURBS 曲面片的基本结构是网格状的，若模型比较复杂，会导致控制点急剧增加而难于控制。构造复杂模型时经常需要裁剪曲面，但大量裁剪容易导致计算错误，导致模型撕裂。NURBS 技术很难构造“有嵌套结构”的对象。

细分曲面建模(Subdivision Surface)技术是 1998 年才引入的三维建模方法，它解决了 NURBS 技术在建立曲面时面临的困难。它使用任意多面体作为控制网格，然后自动根据控制网格来生成平滑的曲面。细分曲面技术的网格可以是任意形状，因而可以很容易地构造出各种拓扑结构，并始终保持整个曲面的光滑性。细分曲面技术的另一个重要特点是“细分”，就是只在物体的局部增加细节，而不必增加整个物体的复杂程度，同时还能维持增加了细节的物体的光滑性。有了以上几种建模方法的认识，就可以在为数字化虚拟环境制作相应模型时，根据要求选取合适的建模途径，完成虚拟环境的制作。

在数字化虚拟环境制作的时候应当遵循一个原则：在能够保证视觉效果

的前提下，尽量采用比较简单的模型，而且若能够用参数化方法构建的对象尽量用参数化方法构建。同时，在模型创作过程中，对模型进行分割，分别建模，以利于操作和考察。

2. 渲染

渲染就是给场景着色，将场景中的灯光及对象的材质处理成图像的形式。创建三维模型后并为它们编辑仿真的材质，其实最终的目的就是要创建出静态或者动态的三维动画效果。通过渲染可以达到这个目的。好的渲染效果可以达到如真实场景一般，因此，渲染的优劣是设计师所要掌握的关键技能。

基于以上分析，在实现虚拟展厅时将采用基于模型的方法，希望达到计算机三维的虚拟展厅效果。以 Cult 3D 为例，具体实现过程主要包括以下步骤：

(1)使用 3DS MAX 制作虚拟图书馆场景。

(2)在 3DS MAX 中制作材质、贴图，并用 V-ray 渲染插件进行渲染，制作高精度静帧图片。

(3)在 3DS MAX 中对每个对象制作烘焙贴图。

(4)使用 3DS MAX 动画制作功能，为整个图书馆设定动画效果，并输出 Avi 视频文件。

(5)将整个图书馆通过 Cult 3D Exporter 插件导出 *.c3d 文件，然后导入 Cult 3D Designer 中。

(6)使用 Cult 3D Designer 设定虚拟图书馆虚拟互动效果，输出 *.c3d 文件。

(7)使用 Dreamweaver MX 2004 为虚拟图书馆设计网页。

(8)通过 Cult 3D View 插件将具有互动功能的虚拟图书馆和动画发布到已经设计好的网页上，实现实时远程交互功能。

在虚拟图书馆实现的过程中主要使用了 3DS MAX，Cult 3D Designer 和 Dreamweaver MX 2004 三个开发软件工具，同时用到 Cult 3D Exporter 和 Cult 3D View 两个插件工具。

9.2　虚拟交互实现工具的分析与选择

根据前面对虚拟展厅的分析，必须采用一种网络虚拟现实技术完成直接与用户进行视觉交互。Web 3D（Web 3 Dimensions）是这种技术的简称，也是虚拟展厅实现的关键技术之一。下面将从多方面分析、比较目前已有的 Web 3D 技术，以选择合适的解决方案。

9.2.1　选择标准

实现工具的选择标准包括以下几个：

(1)显示质量。这是决定该技术优劣的极其重要的指标，考查的是渲染器的渲染质量。

(2)交互性。这是影响虚拟现实中真实感的关键因素。

(3)迟滞性。它直接影响虚拟现实体验中的“实时性”，包括两个方面：一是虚拟现实文件下载时的等待延迟；二是交互时的延迟。每一种 Web 3D 技术都存在延迟现象，但是只要把迟滞时间控制在人可以忍受的时间长度内即可。该项指标考查的是文件的压缩性和渲染器的性能。对于系统的开发者与维护者而言，同时考虑到系统的性能需求，他们所要关心的有下述几点。

(4)易用性。对于一项 Web 3D 技术，怎样高效、便捷地导入已经建好的三维模型、贴图等，是它易用性的重要指标。另外，对网络带宽的要求也是关键因素，因为它直接影响迟滞的时间和系统的性能。

(5)可扩展性。良好的可扩展性能够帮助开发者进一步提高交互性能，提升终端用户的体验品质。

综上所述，在比较各种 Web 3D 技术时，应从显示质量、交互性、迟滞性、易用性和可扩展性五个方面，综合考察各项技术的优劣。

9.2.2　主流的 Web 3D 技术介绍

1. VRML

VRML 是一种用于对三维虚拟场景进行建模的描述性语言；用于互联网、多媒体通信、虚拟现实等技术紧密相关的新的建模语言。把交互 3D 带入

Internet，访问者可以创建和观赏由文字、图像、声音以及视频组成的分布式交互网上三维世界。VRML 1.0 支持带有相对简单动画的场景，而 VRML 2.0（仍在开发中）允许 Java 和 JavaScript 程序员编写在 VRML 对象上施加动作的脚本，以支持复杂的 3D 动画和交互行为。VRML 的主要缺点是渲染质量较低，生成的图形比较粗糙，真实感不强，只适合做场景展示。

2. Viewpoint

Viewpoint Experience Technology（简称 VET）是由 Intel 公司及 Metas－Tream 公司联合发布的新兴网上 3D 文件标准。基于此标准，人们能够方便地创建、发布及浏览网上 3D 图形。由于其文件尺寸小及流传输的特点，该标准一经发布就深受好评。VET 格式的文件紧凑，比其他任何一种已存在的 WEB 3D 技术压缩比都高，其极小的文件量使得在网上浏览 VET 物体非常快捷。用户端只需安装一个插件就能够在网上浏览到以流方式传输的 3D 模型，同时还可以对该物体进行旋转、缩放、平移等控制。VET 也可以和用户发生交互操作，通过鼠标或浏览器事件引发一段动画或是一个状态的改变，从而动态地演示一个交互过程。VET 具有一个纯软件的高质量实时渲染内核，渲染效果接近真实而不需要任何的硬件加速设备。VET 的主要不足在于它的标准没有留出用于 Java 等高级语言编程控制的开放接口，从而大大限制了交互性的扩充，因此，它的主要应用市场是作为物品展示的产品宣传和电子商务领域。

3. Cult 3D

Cult 3D 是瑞典 Cycore 公司开发的一种崭新的 WEB 3D 技术。它作为跨平台的 3D 引擎，让设计者把逼真的并具有实时交互的三维物体送到因特网用户面前。其目的是在网页上建立互动的 3D 物件。利用 Cult 3D 技术可以让网页设计师制作出 3D 立体产品，并以视觉的方式呈现不同的事件和功能的交互性，用户可以旋转、缩放、平移甚至操纵物件，还可以通过多媒体音效和操作指引与物件交互，从而体现真实的物体属性。与 Viewpoint 相似，Cult 3D 也拥有一个高质量的软件渲染器，其渲染质量不亚于专业三维制作软件的水平，而且 Cult 3D 采用纯 Java 语言编写，具备 API（Application Programming Interface）接口，可扩充性好。Cult 3D 的主要应用领域也是产品展示和电子商务。

4. Java 3D

Java 3D 是一类图形 API 接口，是对以前流行的诸如 OpenGL 和 Direct 3D

的三维图形API的重大革新(以前的API是同3D硬件设计紧密结合的低级过程性API)。它是一种功能强大的、面向对象的API,提供了许多超出传统3D图形API所具有的功能,使得程序员摆脱诸如图形数据管理的琐碎事务,而把主要精力放在与用户交互、图形内容等高层次工作中。Java 3D能够帮助设计者生成简单或复杂的形体(也可以直接调用现有的三维形体);可以使形体具有颜色、透明效果、贴图;可以在二维环境中生成灯光、移动灯光等;可以具有行为(Behavior)的处理判断能力(键盘、鼠标、定时等);可以产生雾效、背景、声音等;可以使形体变形、移动、生成三维动画;可以编写非常复杂的应用程序,用于VR等各种领域。其不足在于:各种贴图、效果及灯光的生成依赖于编程完成,应用过程极其复杂;渲染质量有待进一步的提高。Java语言的简单性及网络化使Java 3D的推广有了可能。它能够与任何以Java语言为基础的WEB应用技术,如JSP,APPLET,SERVLET等无缝地集成在一起,广泛应用在互联网中。

5. Pulse 3D

Pulse 3D是Pulse公司推出的用于网上娱乐的WEB 3D技术。它提供了一个多媒体平台,囊括2D和3D图形、声音、文本及动画。Pulse 3D平台分为三个组件:Pulse Player,Pulse Producer和Pulse Creator,分别用于浏览器播放、文件制作和模型导入。它的不足在于渲染质量不高,主要应用于互联网三维游戏。

6. Adobe Atmosphere

Adobe Atmosphere是Adobe公司推出的一个通过互联网连接多用户的三维环境式在线聊天工具。Atmosphere可以通过互联网连接多个用户,使得在同一场景中的用户能够彼此实时地看到代表对方对象的位置和运动情况,并且能同时向所有用户发送聊天短信。Atmosphere提供了对自然重力和碰撞的模拟,使浏览的感受极具真实性。其不足在于:应用该项技术必须和Adobe公司的指定服务器相连,唯一能做到上述效果,鉴于厅前的网络状况,其实用性大大降低。

9.3 基于Cult 3D的交互式虚拟漫游

Cycore公司开发的Cult 3D技术是较为理想的Web 3D解决方案。以下将对Cult 3D技术做进一步的说明。

Cult 3D的数据结构采用的是Scene Graphs Structure(场景图),这一灵活的树状结构与显示列表非常相似。Cult 3D的场景图中存在多个节点(Node),代表Cult 3D中的各种资源,如材质、贴图、子场景(World、摄像机、Java动作)等,它们是组成Cult 3D场景的基本元素。Cult 3D平台是由3个不同功能的程序所组成的:Cult 3D Exporter插件、Cult 3D Designer软件和Cult 3D Player插件。其中,Cult 3D Designer是Cult 3D的核心技术,可以建立具有交互性的Cult 3D对象;Cult 3D Player插件是给Netscape和Internet Explorer等浏览器使用的,目的在于让浏览器播放Cult 3D对象并展示交互性能;Cult 3D Exporter插件将3D建模软件如3D Studio MAX或者Maya建好的三维模型导出到Cult 3D Designer中,以便下一步的制作。三个软件相互配合,封装了许多对技术性要求很高的操作,大大简化了制作流程,具有良好的实用性。随着科学技术的不断发展,Cult 3D技术必定变得更精彩、强大和实用。利用Cult 3D的虚拟漫游设计流程如图9-1所示。

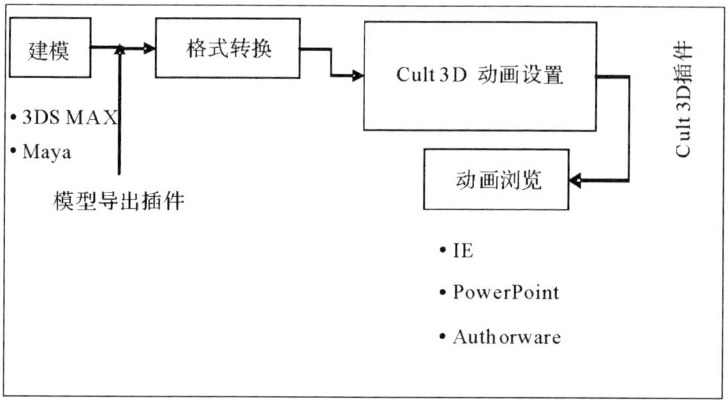

图9-1 Cult 3D的虚拟漫游设计流程

9.4　Cult 3D 软件界面介绍

Cult 3D 软件界面如图 9－2 所示。

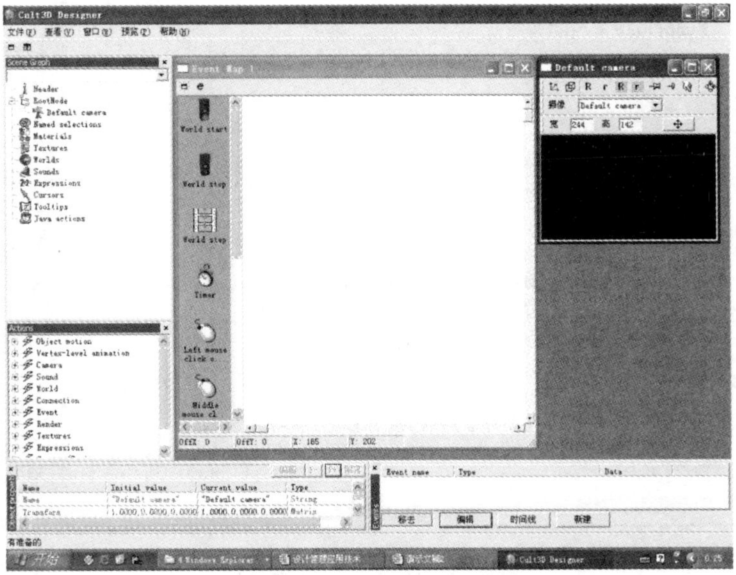

图 9－2　Cult 3D 软件界面

(1)Scene graph 场景图表。分层次显示与对象和摄像机相关的数据。在场景图表中显示了场景中所有的物体、材质、摄像机、Java 动作等元素。在场景图表的某个元素列表上单击鼠标右键，在弹出的菜单中可以添加新的元素。如果场景图表中的元素被添加到事件地图上，那么在场景图表上通过单击元素的名称，就可以选取事件地图上相应的元素。

(2)Active 动作窗口。软件的一些默认动作，用以控制场景和对象，主要包括一系列的动作列表，按照类型分为物体运动、定点动画、摄像机、声音、世界、链接、事件、渲染、贴图、表达式、指针和粒子系统 12 个列表(过程：连接一个动作到一个事件，然后连接到目标对象)。

(3)Event map 事件地图(见图 9－3)。左边是事件的图标，右边是事件交互的连接图。事件地图是 Cult 3D 的主要编辑部分，它由 3 个部分组成。事件地图上方是一排快捷按钮,用于对事件地图进行控制。事件地图的左侧是一系列的事件类型,事件地图的右侧为编辑区域,在这里可以设置各种事件的动作和作用对象。

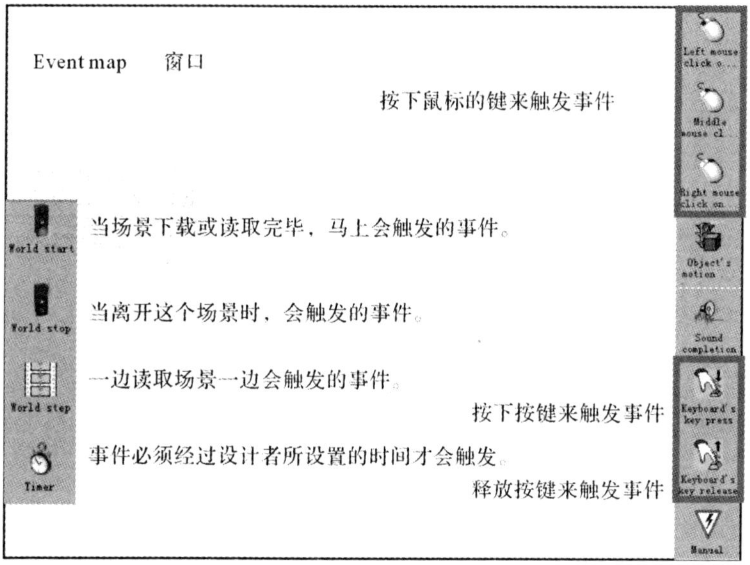

图 9-3 Event map 事件地图

当事件图标拉到 Events map 窗口时,每个事件都有个快捷菜单。

自动激活:选中表示这个事件只能通过它自己来激发;未选中表示由其他事件触发。

自动重设:一个事件只能引起一次触发,每经过一次触发就要重设一次才能再一次触发事件。

(4)Object Properties 对象属性。显示了被选中元素的默认属性,也可以通过表达式工具和定制属性来管理场景中物体的信息。

(5)Event 事件窗口。在事件窗口中显示了场景中所有事件的设置,也可以在这里对事件的属性直接进行编辑。

(6)预览窗口。用于显示当前场景的效果等。

9.5　Cult 3D 文件导出

Cult 3D 文件导出见图 9－4。

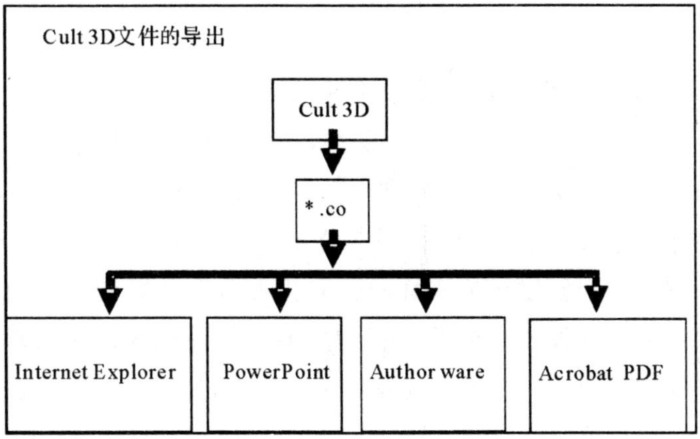

图 9－4　Cult 3D 导出格式分类

1. Html 语法嵌入

< object　classid ＝ " classid：31B7EB4E － 8B4B － 11D1 － A789 － 00A0CC6651A8"width＝"250"height＝"250">

<param name＝"src"value＝"darhigh. co">

</object>

<object>标签的作用就是在网页中置入 Active X 控制组件，并已指定其 Classid；

Classid：每一个 Active X 组件的其独一无二的序号；

Width，Height：在网页中看到的大小；

<param>：把特定的值传给 Active X。

Value：目标文件的名称。

2. Dreamweaver 辅助嵌入

使用 Manage Extensions(扩展管理)安装 Cult 3D 插件

在 Insert(插入)菜单中出现 Cult 3D，选择运行，就可以嵌入了。

第十章　基于 Cult 3D 虚拟现实图书馆的创建原理与流程

由于 Cult 3D 只支持 3DS MAX 中的标准材质和贴图类型，不支持光线追踪材质及其他高级的插件材质，也不支持各种阴影，所以要想在 Cult 3D 中得到较好的质感效果和阴影，就必须进行一些特殊的处理。其中，3DS MAX 的烘焙贴图技术由于其简单、效果好、数据量较小的特点，不失为一种解决方法。

烘焙贴图是一个创建物体表面材质和光照分布的贴图过程，被广泛应用于动画渲染过程。这种技术能够根据物体渲染的外观来创建纹理贴图，然后系统自动将纹理贴图进行 Unwrap 并烘焙给原物体。经过这一过程就可以得到很好的阴影和反射效果。

10.1　烘焙贴图界面设定

制作烘焙贴图的步骤如下：

(1) 选中场景中的对象，然后按下“0”键，打开烘焙贴图渲染器。展开 General Settings卷展栏，在 Output 选项组中单击 Path 后面的按钮，设定贴图的保存路径，界面如图 10－1 所示。

(2) 展开 Output 卷展栏，单击 Add 按钮后在弹出的对话框中选择 CompelteMap，如图 10－2 所示。

(3) 在 Selected Element Common Setting 栏目下的 Target Map Slot 下拉菜单中选取 Diffuse Color，如图 10－3 和图 10－4 所示。

(4) 继续在下面的 Width 和 Height 文本框中输入贴图的尺寸，当然也可以使用自动保存的尺寸，然后单击 Render 按钮开始渲染。

(5) 渲染结束后打开材质编辑器，选取一个空白材质球。单击材质编辑器工具栏中的获取材质按钮，然后在视图中的对象上单击鼠标左键获取材质。将 Viewport 和 Render 都设为 Baked material。

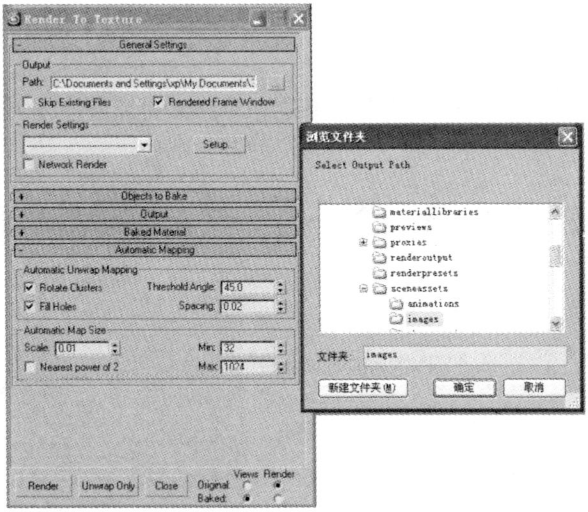

图 10－1　烘焙贴图渲染器界面

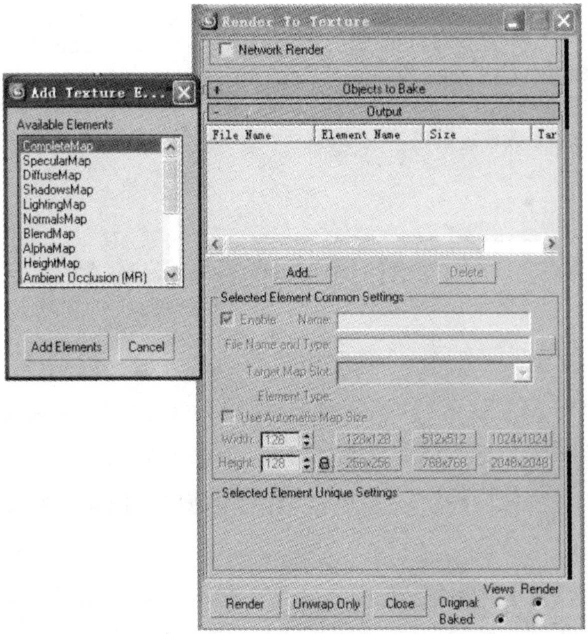

图 10－2　Output 卷展栏设定

(6) 进入 Baked material 材质，然后展开 Maps 卷展栏，取消 Refection 通道上的贴图选项。

到此，已完成单个对象的烘焙贴图制作，下面就是依次对场景中的每个对象制作烘焙贴图。

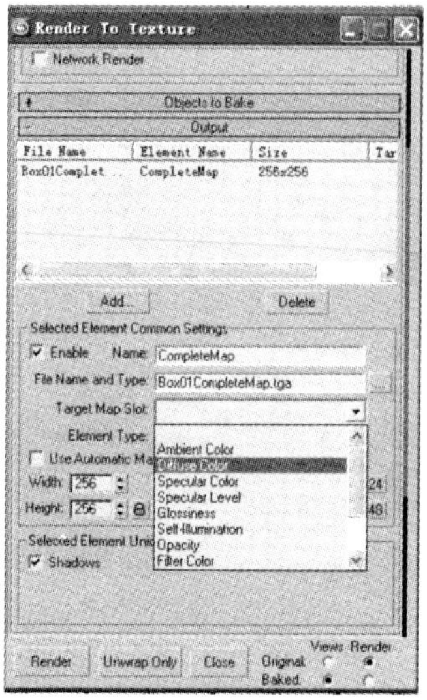

图 10-3 参数设定图例(一)

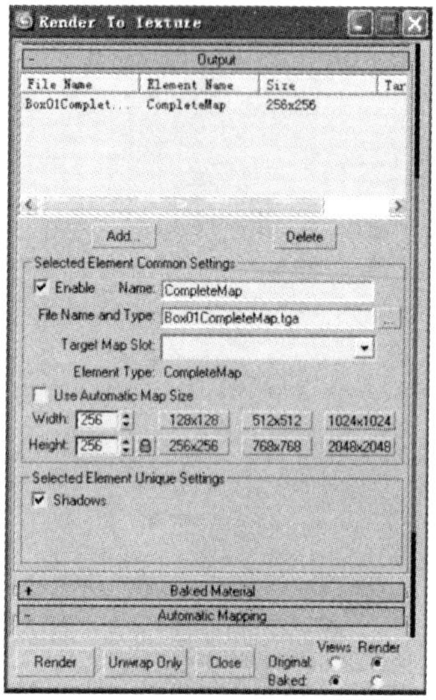

图 10-4 参数设定图例(二)

10.2 Cult 3D 中虚拟现实动作的设定

Cult 3D 中虚拟现实动作的设定如图 10-5 所示。

(1)退出 3DS MAX，运行 C3D 3DS MAX. exe 文件，安装 Cult 3D 输出插件。然后，重新运行 3DS MAX 后执行 File 菜单中的 Export 命令，在打开的对话框中选择文件名和保存路径，然后在“保存类型”下拉菜单中选择 C3D 格式，如图 10-6 所示。

(2) 单击“保存”按钮后会弹出 Cult 3D Exporter 对话框，在 3DS MAX 场景中的模型、贴图和摄像机等元素载入完成后，单击 Viewer 按钮可以查看效果，如果效果理想，单击“Save”按钮完成输出操作(见图 10-7)。

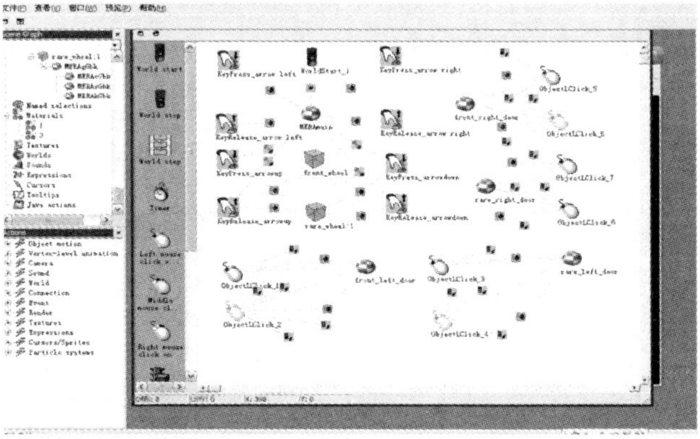

图 10－5　Cult 3D 中虚拟现实动作的设定示例

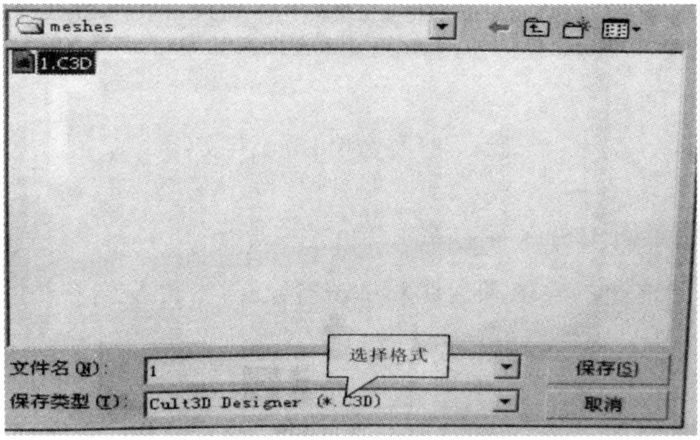

图 10－6　文件导出窗口

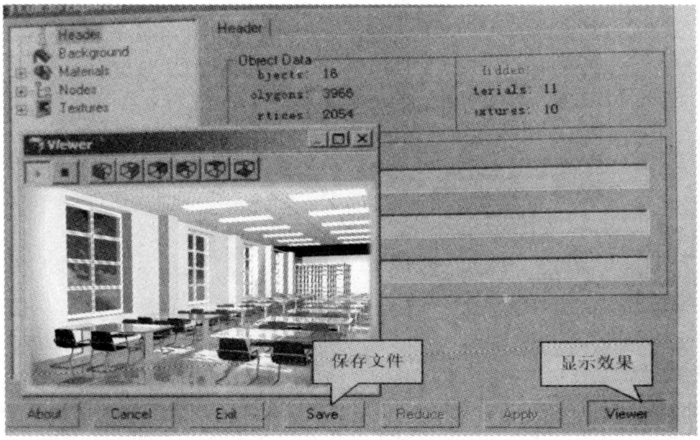

图 10－7　输出预览窗口

(3) 运行 Cult 3D,执行 File 菜单中的 Add Cult 3D Design File 命令,在弹出的窗口中添加 3DS MAX 保存的 C3D 文件。导入后的文件如图 10-8 所示。

图 10-8　虚拟图书馆原始文件

同时,在场景图中可以看到导入的元素(见图 10-9)。

(4) 在事件地图的左侧列表中将 world start 事件拖到右侧的编辑区域中,表示事件的开始,如图 10-10 所示。

图 10-9　虚拟图书馆的场景图元素

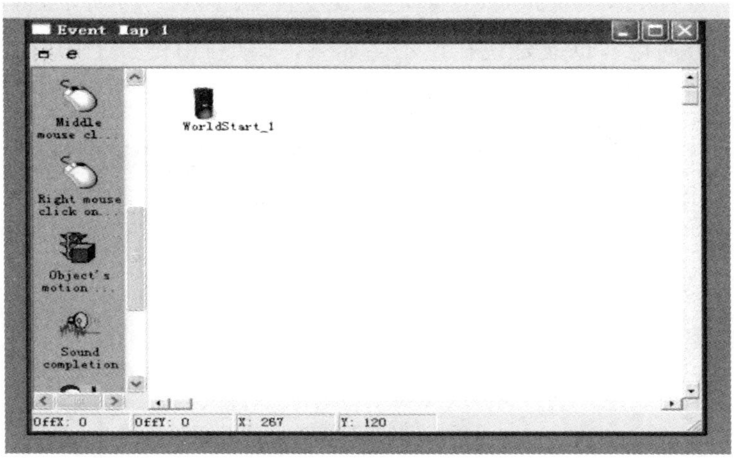

图 10-10 起始动作设定

(5) 设定前进导航动作。在事件地图的左侧列表中，将 keyboard's key press 事件拖到右侧的编辑区域中，然后在动作窗口中将 object motion/translation XYZ 拖到事件地图中的 keyboard's key press 事件上进行链接，在场景图表中将 Camera01 元素拖到事件地图中的 object motion/translation XYZ 动作上链接，如图 10-11 所示，在当前完成的事件中，场景载入后就会加载绑定的摄像机。

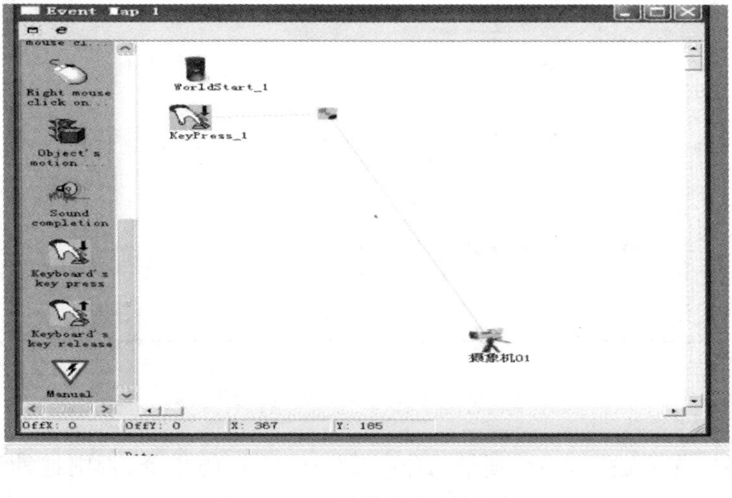

图 10-11 前进导航动作设定

其中,keyboard's key press 事件参数设置如图 10 - 12 所示,将动作赋予了“向上的方向键”,也就是说在设定完成后,可以利用键盘上的“向上的方向键”实现向前的运动,参数如图 10 - 12 所示。

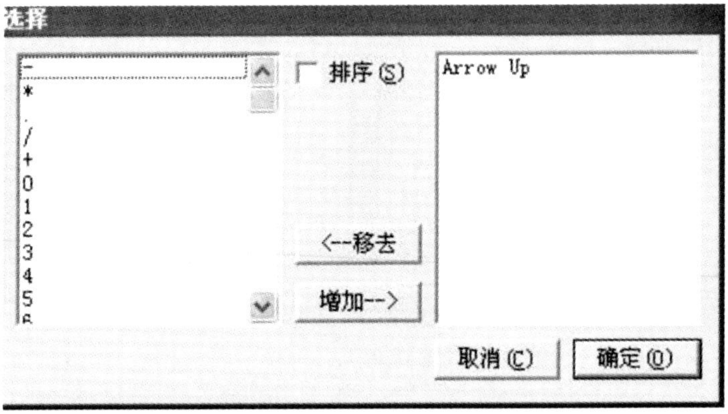

图 10 - 12　keyboard's key press 事件参数窗口

motion/translation XYZ 动作参数设置可参照图 10 - 13,主要是给向前的运动一个理想的速度,具体参数如图 10 - 13 所示。

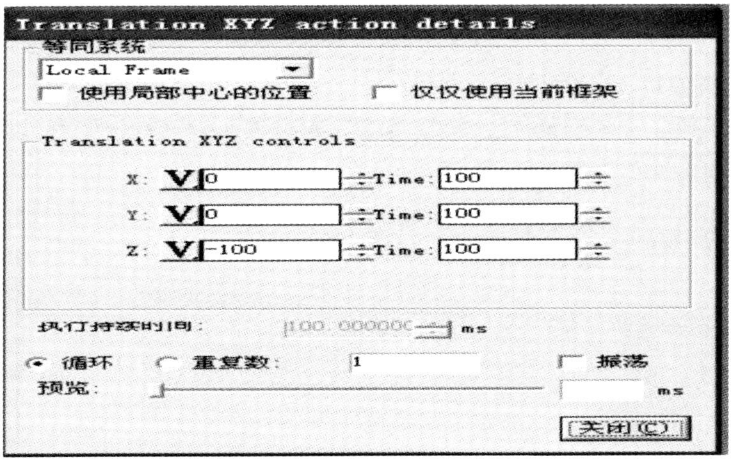

图 10 - 13　motion/translation 动作参数

这些工作完成后,还必须给动作指定一个停止的指令,否则这种运动会无休止地进行下去。这时，可以在事件地图的左侧列表中将 keyboard's key release事件拖到右侧的编辑区域中，然后在动作窗口中将 object motion/translation XYZ 拖到事件地图中的 keyboard's key release 事件上进行链接，再将 Camera01 元素拖到事件地图中的 object motion/translation XYZ 上链接。按下向前按钮，参观者可以实现向前的导航动作，同时松开按钮动作结束。其参数设置如图 10－14 和图 10－15 所示。

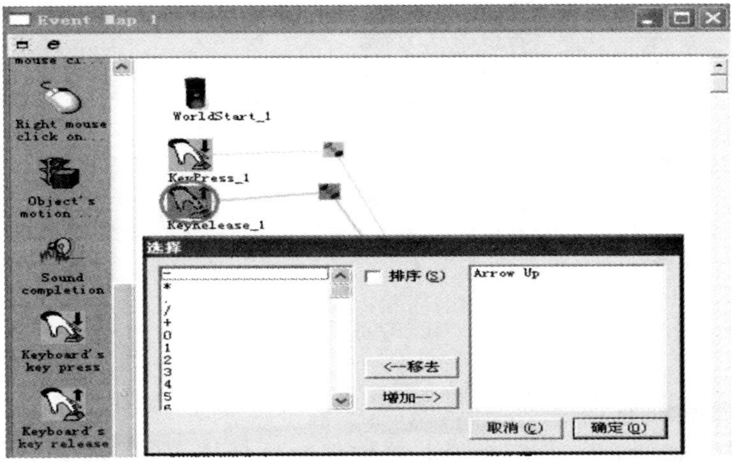

图 10－14　添加停止动作

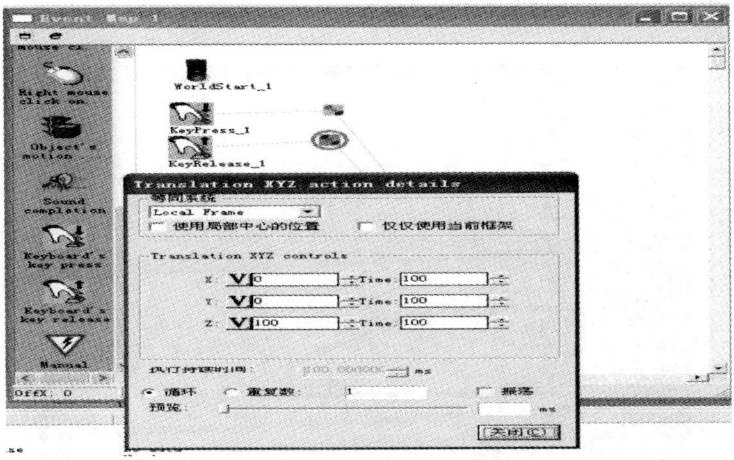

图 10－15　停止动作参数窗口

(6) 设定后退导航动作。选择向下的方向键 Arrow Down 实现后退的导航动作。具体设定的方法跟步骤(5)相似。完成后的事件地图如图 10 - 16 所示。

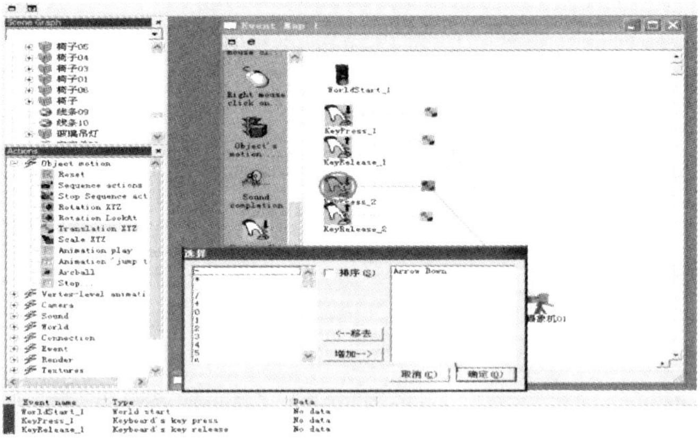

图 10 - 16　设定后退导航动作

(7) 设定左转导航动作(见图 10 - 17)。在事件地图的左侧列表中将 keyboard's key press 事件拖到右侧的编辑区域中,然后在动作窗口中将 object motion/Rotation XYZ 拖到事件地图中的 keyboard's key press 事件上进行链接,再将 Camera01 元素拖到事件地图中的 object motion/ Rotation XYZ 上链接。

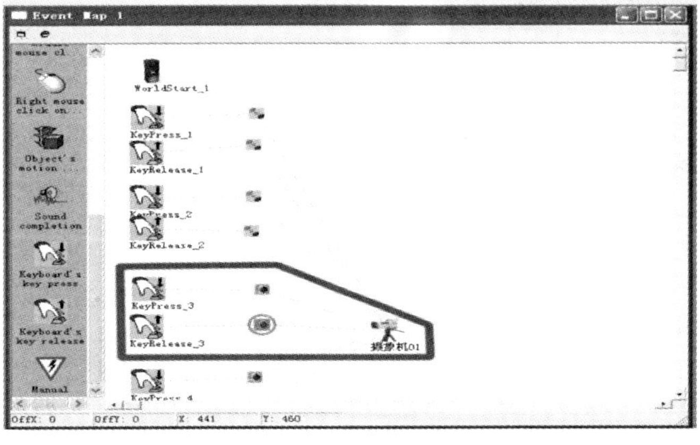

图 10 - 17　设定左转导航动作

其中，keyboard’s key press 事件参数设置如图 10－18 所示，将动作赋予了“Arrow left 键”，也就是说在设定完成后，可以利用键盘上的“Arrow left 键”实现向左的旋转导航运动。

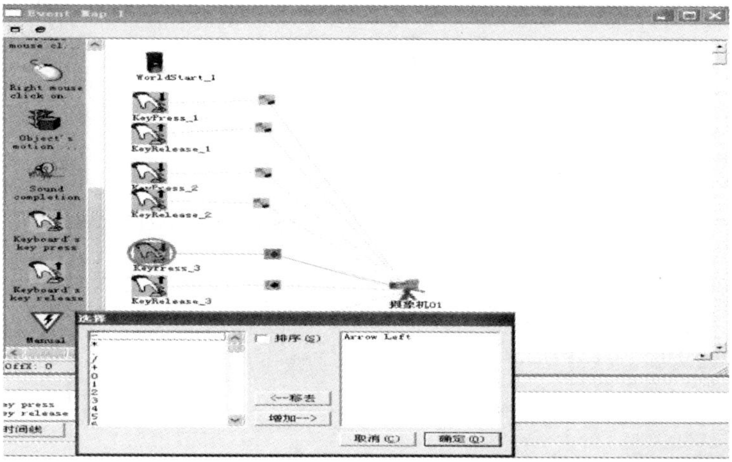

图 10－18　keyboard’s key press 事件参数

motion/Rotation XYZ 动作参数设置可参照图 10－19。

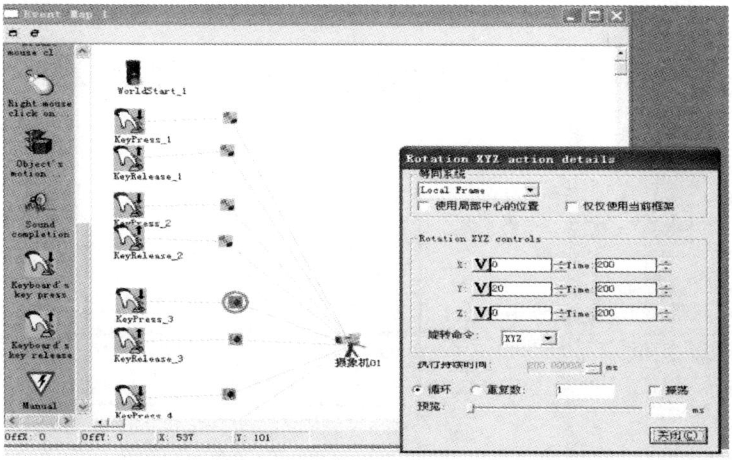

图 10－19　motion/Rotation XYZ 动作参数

用同样的方式添加停止指令。在事件地图的左侧列表中，将 keyboard's key release 事件拖到右侧的编辑区域中，然后在动作窗口中将 object motion/ Rotation XYZ 拖到事件地图中的 keyboard's key release 事件上进行链接，再将 Camera01 元素拖到事件地图中的 object motion/ Rotation XYZ 上链接。具体操作如图 10－20 和图 10－21 所示。

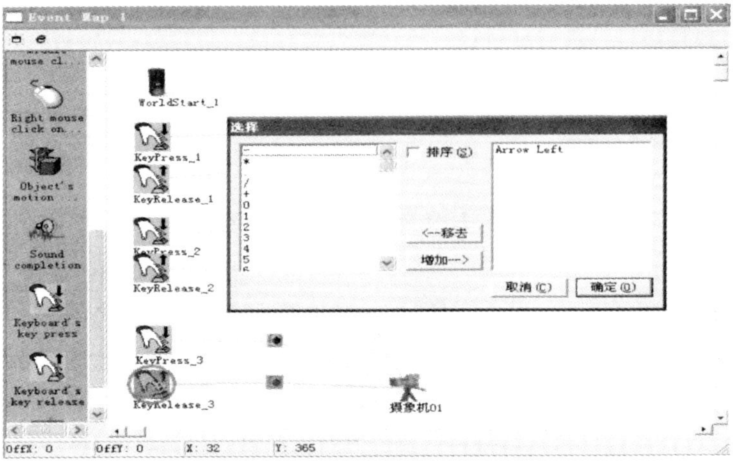

图 10－20　添加停止指令

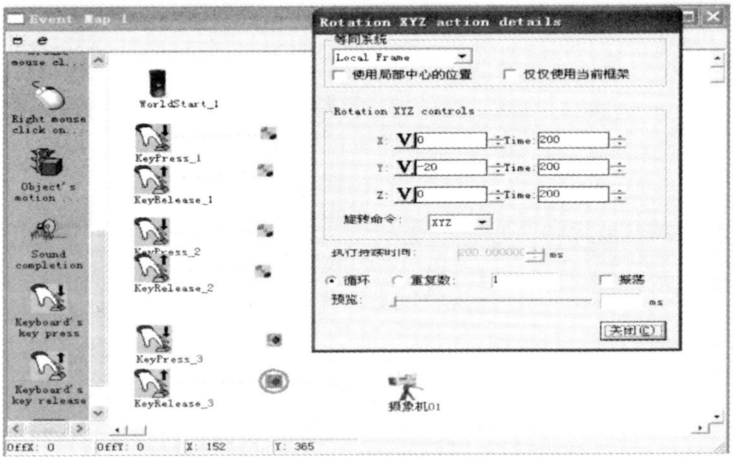

图 10－21　参数设定

(8) 设定右转导航动作。选择向右的方向键 Arrow Right 实现右转的导航动作。具体设定的方法跟步骤(7)相似。完成后的事件地图如图 10 - 22 所示。

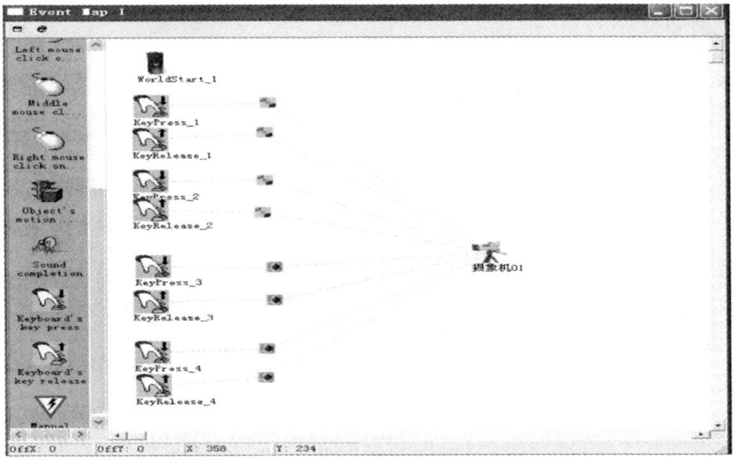

图 10 - 22　设定右转导航动作

至此,运动事件设置已完成,可以在预览窗口中单击播放按钮播放场景。

10.3　书籍模型与电子书籍的链接

1. 添加鼠标单击链接

(1)设置鼠标动作。如图 10 - 23 所示,将 left mouse click on 事件拖到右侧的编辑区域中,再将书名为 3DS MAX 白金手册的书籍代表立方体——立方体 73 元素,拖到事件地图中的 left mouse click on 上链接。用同样的方法再链接一个 left mouse click on 事件,然后继续在动作窗口中拖入一个 Event/Activate 动作和一个 Event/Deactivate 动作,参照图 10 - 23 进行链接。

(2)添加链接。再给 Right mouse click on 事件添加一个 Connection/loadurl 动作,然后在弹出的对话框中输入链接的路径。其事件地图如图 10 - 24所示。

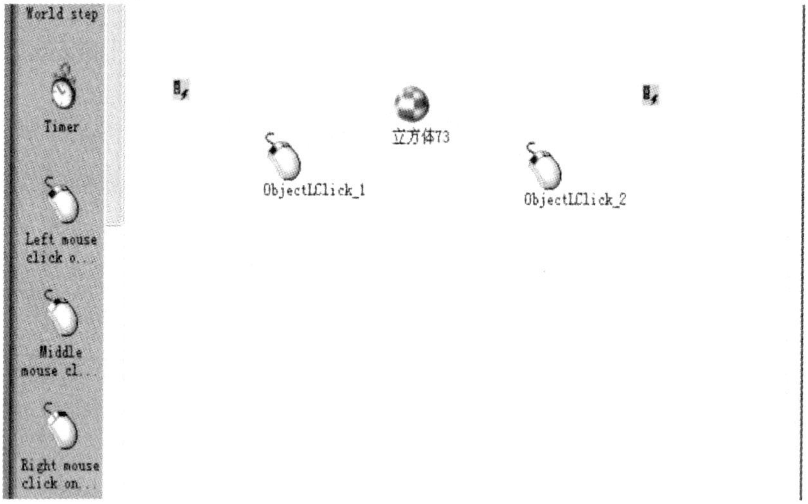

图 10－23　设置鼠标动作

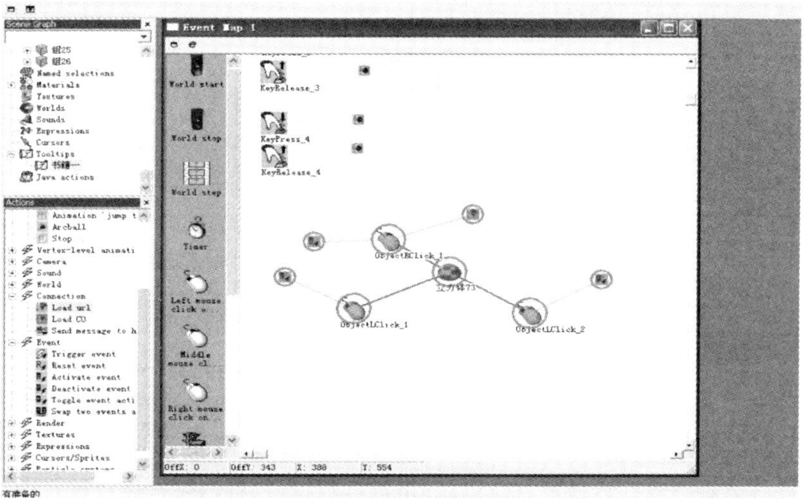

图 10－24　添加链接事件地图

2. 添加热区提示

设置热区提示。在场景图表中的 Tooltips 项上单击鼠标右键，在弹出的菜单中执行 New/Tooltip 命令新建提示。在场景图表中双击新建的"3DS

MAX 白金手册”，在弹出的对话框中输入提示的内容“3DS MAX 白金手册，单击右键浏览”，然后单击 Add/Remove 按钮，指定为 box73 物体，如图 10－25所示。

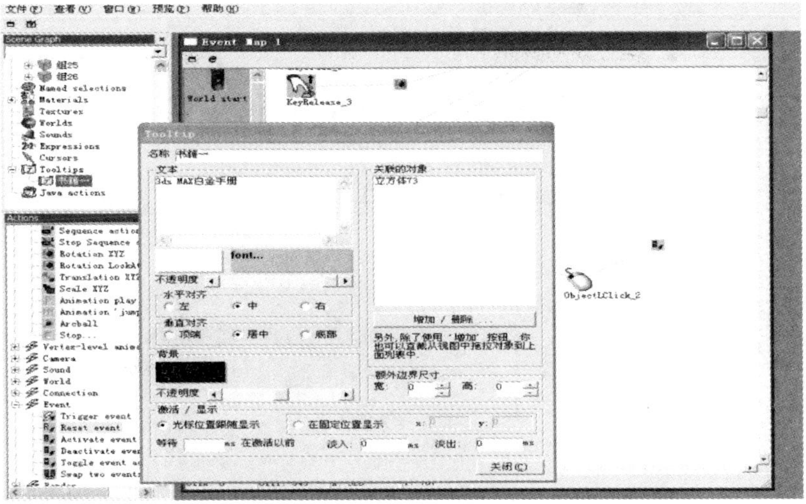

图 10－25　添加热区

10.4　文件的保存与发布

所有事件设置完成后执行 File 菜单中的 Save internet file 命令进行存储，存储为 . co 格式文件。该文件可以在网页制作软件中插入，然后制作发布。存储的另一个文件为网页格式，在安装专门的 C3D IE 插件后可以直接用 IE 打开查看。操作过程如图 10－26～图 10－28 所示。

打开后，可以用文中设定的方向键进行导航，用鼠标查看书名并点击浏览图书内容。

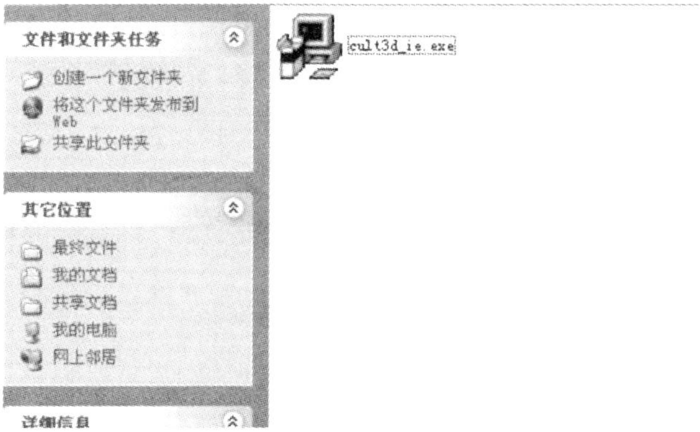

图 10－26　C3D IE 插件

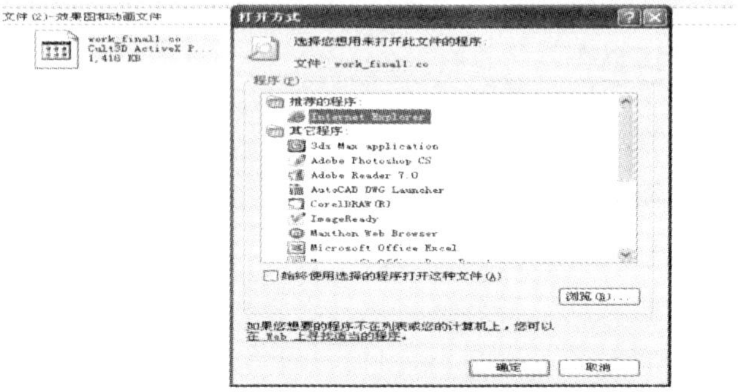

图 10－27　打开方式

图 10－28　浏览器浏览界面

结 束 语

虚拟现实图书馆是图书馆事业中计算机技术与虚拟仿真技术的实践，是人类的想象力和计算机技术的结晶，实现了虚拟世界与现实世界的连接，实现了图书馆快捷、有效、准确传递人类文明信息的目标，凸显了虚拟现实技术在图书馆领域的技术开发优势。

1990 年，在法国召开了“虚拟现实”的第一次国际会议，会议的名称是“真实世界和虚拟世界的接口”。从图书馆本质属性方面看，虚拟现实图书馆作为中介性、服务性的文献传递的介质，其本质属性——介质属性——得到了新的提升。证明人类知识文化信息的交流方式的需求本身是图书馆生存发展的前提。从图书馆这一文献传播、交流的社会职能角度看，虚拟现实图书馆将传统的被动式传播转变为主动式传播，能够快速、准确地检索长期搁置在书架上的文献信息，加速了人类共享文明成果的传递速度。从图书馆与现代社会角度看，这是人类交流方式步入智能化、数字化的新篇章，密切了人与人之间的关系。

21 世纪的图书馆是人类社会进入信息社会与知识经济的时代，创造各种形式传播、传递、交流、储藏、提炼知识，包括对传统知识的提炼和更新，成为改进人类的生存、工作、学习环境条件的最重要的手段。虚拟现实图书馆创造性的展现，则是知识的进步、科技的进步和技术的进步合成的驾驭知识的新形式。作为自动化图书馆构成的技术性要素，虚拟现实图书馆是传统图书馆技术手段的再升级和又一次更新；从图书馆的长远发展形态上看，虚拟现实图书馆是数字时代蓬勃发展的新的图书馆形态；作为综合性学科的图书馆学得到了相关学科的支持，同时也进一步丰富了图书馆学的学科内容体系。

虚拟现实图书馆为图书馆建设带来了新的发展建设思路，解决了许多人类幻想中的现实问题，是图书信息传递人类文明的新途径。

编 著 者

2014 年 5 月

参考文献

[1] Kazuki Watanabe, Tomoyuki Takahashi, Toshihiko Ando, etc. LiNS: A Library Navigation System Using Sensors and Smartphones[C]. 2010 International Conference on Broadband, Wireless Computing, Communication and Applications Sendai. Japan. 2010: 346－350.

[2] Dimitar Valkov, Benjamin Bolte . Viargo — A Generic Virtual Reality Interaction Library[J]. IEEE. 2012:23－28.

[3] De Oliveira J C, Shirmohammad S, Georganas N D. Acollaborative virtual environment for industrial training, Virtual Reality. IEEE. 2000: 288.

[4] Changzhen Shang, Yanqiu Xiao. Research on Integration of Virtual Reality and Other Library Systems Based on Hierarchical Model. IEEE. 2011:2488－2492.

[5] 吴慰慈,董焱.图书馆学概论[M].2版.国家图书出版社,2008.

[6] 吴建中.21世纪图书馆新论[M].2版 .上海科技文献出版社,2003.

[7] Grigore C. Burdea. Philippe Coiffet.虚拟现实技术[M].2版.魏迎梅,栾悉道,译.北京:电子工业出版社,2005.

[8] 崔杏园,钱桦.虚拟现实及其演变发展[J].机械工程师,2006 (2): 22－24.

[9] 陈业奎.图书馆的学科属性[J].图书馆建设,2006, 03:24－25.

[10] 虚拟现实——国家图书馆二期的一大亮点. www. cnbidding. com 2008－12.

[11] 李欣.虚拟现实及其教育应用[M].北京:科学出版社,2008.

[12] 袁海旺.虚拟图书馆的昨天、今天和明天[M].北京:华艺出版社,2002.

[13] 王忠华,周勇.数字图书馆[M].北京:北京邮电大学出版社, 2002.

[14] 阮海红.试论新闻视频数字图书馆的构建[J].情报资料工作.2008,03:53-56.

[15] 郄海风.3DS MAX7.0应用教程[M].西安:西北工业大学出版社,2005.

[16] 中视典数字科技技术. www.vrplatform.com.

[17] 摩尔斯电码表. www baike.baidu.com/view/84585.htm.

[18] 郄海风.3DS MAX中文版在图形图像数字化环境中的应用[J].计算机技术与发展,2006(06):101.

[19] 程栋.实用网络新闻学[M].北京:新华出版社,2002.

[20] 李珊,李治邦.虚拟制造技术[J].计算机应用研究,2001(3):1-3.

[21] 张占龙,罗辞勇,何为.虚拟现实技术概述[J].计算机仿真,2005(3):56-58.

[22] Xiaoyan Yang, Qinchuan Zhan, Weiwei Wang. Research and Application for Virtual Exhibition Room of Product Design Based on Multimedia Network Technology[J]. IEEE CAID&CD,2009.

[23] 苏建明,张续红,胡庆夕.展望虚拟现实技术[J].计算机仿真,2004(1):18-21.

[24] 谢甘第.虚拟现实技术及其在制造业中的应用[J].机电一体化,2001(5):18-21.

[25] 汪成为,高文,王行仁.灵境(虚拟现实)技术的理论、实现及应用[M].南宁:广西科学技术出版社,1996:21-64.

[26] 翟旭峰,朱杰杰,潘志庚.3DS MAX建模及其在虚拟现实中的应用[J].计算机仿真,2004(4):33-35.

[27] 郝兴伟.Web技术概论[M].北京:清华大学出版社,2005:4-11.

[28] 武苍林.Web技术发展综述[J].电脑与信息技术,2000(2):48-54.

[29] 李晶.Web页制作中的动态表现技术[J].计算机工程,2000(6):145-147.

[30] 肖辉.WEB 3D标准.艺术与设计[J].数码设计,2001(4):20-27.

[31] 孙万军.VRML在工程设计中的应用[J].计算机辅助设计与制造,2000(5):78-81.

[32] 李亮学.网络三维技术Cult 3D在虚拟中体验真实[J].新电脑,2002(6):36-38.

[33] 苏威洲,童仲豪,叶翰鸿.实现网络三维互动——Cult 3D应用指南[M].北京:清华大学出版社,2001:22-60.